Lanto:
Der Drachenweg
des Shao-Lin

Gegebene Einleitung

Für dich, der du einen Weg suchst, der dir hilft, dich selbst kennenzulernen,
der dich in Funktion hält, solange du diesen physischen Körper benötigst;
für dich, gesegneter, geliebter Schüler, wurde dieses Buch von der Energie und Kraft gegeben, die uns alle aufrecht erhält, und die du nun kennenlernen kannst und wirst – sofern du es in deinem Herzen willst und das Erkannte in deinem Leben verwirklichst.

Grundlage deiner Übung wird ein ewiges Gesetz sein:
– Das Gesetz der Konzentration –

„Dort, wo deine Konzentration ist, bist du, dorthin, wo du deine Konzentration lenkst, zu dem wirst du!"
DENN...

„Wo keine Konzentration ist, da entsteht nur Mittelmaß".
– Lanto –

Inhalt

Einleitung

Das vorliegende Buch besteht aus vier Teilen   2 3 2

1. Den Grundsätzen des Inneren Weges
2. Der Atmung
3. Den Sportübungen des alten Weges, die in der Vergangenheit einzelnen Tieren nachempfunden wurden.
4. Der Meditation

Alle vier Teile sind aus alten Texten entnommen und auf das wesentliche Wissen reduziert worden, ohne wichtige Informationen zu vernachlässigen, um der westlichen Welt die Grundlagen des geistigen Weges zu erleichtern.

Jeder Teil für sich bringt einen Suchenden zu sich selbst. Alle vier Teile jedoch, harmonisch zusammengefügt, führen bei ständiger Übung und Ausdauer unweigerlich zum hohen Ziel.

In vielen Büchern wird über Selbsterkenntnis gesprochen. Leider viel zu wenig Literatur weist den Suchenden darauf hin, daß die Wahrheit „in einem" liegt.

Diese Aussage ist für Menschen der westlichen Welt sehr schwer nachzuvollziehen, da das sogenannte „materielle Denken" der „Inneren Kraft" entgegensteht.

Der Drachen-Weg soll hier Hilfe für den ernsthaft Suchenden, und eine erste Anleitung „nach Innen" sein.

Jeder sportlich Interessierte findet mit diesem Buch einen ersten Einstieg in die Gesetzmäßigkeiten von Atem, Bewegung, Ruhe und Kraft, und kann so die ersten Ewigen Gesetze anhand sportlicher Aktivitäten erfahren.

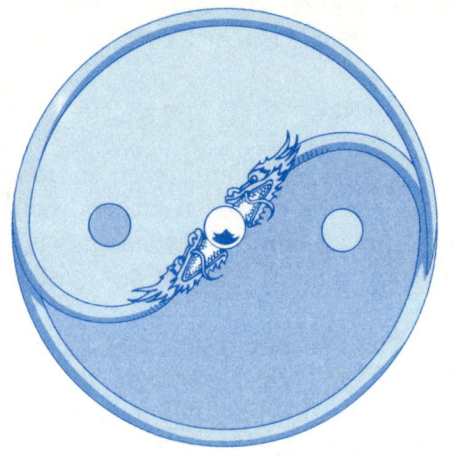

Das Wissen des alten Weges

Die alte Literatur bezeichnet die Wahrheit, die in uns liegt, als die einzige und größte Kraft, die alles ermöglicht.

Diese Kraft wird in den Texten als „die unpersönliche Liebe" bezeichnet.

Liebe „im höheren Sinne" ist die positive Kraft, die das Denken, Fühlen, Handeln und Sprechen des Menschen leiten soll. Das heißt, positiv zu sich selbst und allen anderen zu sein, und im scheinbar Negativen das Wirkliche – eben Positive – zu sehen.

Wird diese Liebe bewußt zur Urkraft des natürlichen menschlichen Lebens, entwickelt sich daraus automatisch Harmonie im geistigen wie auch im physischen Leben.

Die Literatur zeigt viele Möglichkeiten auf, die den Menschen zum „Inneren Weg" führen. Der gemeinsame Nenner ist dabei immer die Harmonie!

Die Harmonielehre führt über Musik, Meditation, Konzentration, Atemübung, gruppendynamische Prozesse etc. und „geistigen Sport" zum Ziel.

Unter „geistigem Sport" versteht man körperliche Bewegungsformen, die das Denken und Fühlen zur Ruhe, zum Erleben der „Inneren Kraft", führen.

Die Japaner nennen diese Kraft Hara.

Die Chinesen treffenderweise Chi.

Beide Begriffe zu übersetzen fällt schwer. In der einschlägigen Literatur werden sie als Energie, Energie leiten, Atem, auch geistige Kraft, bezeichnet.

So unterschiedlich die Verfahrensweisen und Übungen sind, das Endziel ist immer das gleiche.

Das vollkommene Verstehen des Ganzen.

Darunter wird je nach Bewußtseinsgrad: der Mensch selbst, der Planet Erde oder gar das ganze Universum verstanden.

Das „Einsfühlen" mit allem ist das große Endziel; denn wir alle sind eins.

Diese alte Aussage ist inzwischen auch von unserer Wissenschaft nachvollziehbar, die erkannt hat, daß jede Substanz aus Atomen besteht. Ob nun die atomare Struktur als Endprodukt einen Menschen, ein Tier, eine Pflanze, einen Stein oder Wasser bildet, liegt ja nur an der Verbindung und der Art der Zusammensetzung einzelner Atome.

Wege nach Innen

Geistige Sportwege wie das ganz alte Kung-Fu, oder das moderne Kara-Te, wurden durch das Bewußtsein von denen – die diese Sportarten verkörperten – im Laufe vieler Jahrtausende zu reinen physischen Kampfformen verändert. In Wirklichkeit waren diese „Kampfformen" reine Zweikämpfe, die sich nur im einzelnen Menschen, nämlich zwischen seiner geistigen und körperlichen Kraft auswirkten.

Manche Sportbücher weisen bei den oben genannten Sportarten deshalb auch auf den Aspekt einer Lebensschule hin.

Glücklicherweise ist aber das ganz alte Wissen dennoch von einem ganz kleinen Kreis Wissender über Jahrtausende erhalten geblieben und von hochwissenden Meistern an den am weitesten entwickelten Schüler (auch Meisterschüler genannt) weitergegeben worden.

Die bekanntesten geistigen Sportarten kommen fast ausschließlich aus Asien. Einige wichtige wollen wir hier erwähnen.

Das japanische Bogenschießen – Kyu-Do *und*
der japanische Schwertweg – Ken-Do
(Do steht im Japanischen für geistigen Weg)
sind die bekanntesten dieser Sportwege, die auch in Europa geschult werden.

Beide Wege benutzen um „zu sich selbst" zu finden ein Hilfsmittel; den Bogen bzw. das Schwert.

Aus Indien fand Ende des 18. Jahrhunderts ein harmonisch kombinierter geistiger Sportweg, dessen Grundlage mehr der Gymnastik zuzuordnen ist, Einzug in Europa:

Das Hatha-Yoga

Yogis, die den hohen Weg des Yoga – den Königsweg – gehen, sehen im Hatha-Yoga ein System sportlicher Ertüchtigung, das Geist und Körper für den künftigen hohen Weg vorbereitet.

Der alte Königsweg selbst – das Raja-Yoga – öffnet
in höchster Form den Weg zum universellen Bewußtsein.

In unseren Breiten dürfte es sehr schwer sein, einen
Raja-Yoga-Lehrer zu finden, der das wunderbare alte
und reine Wissen besitzt und dazu noch in der Lage
und befähigt ist, es weiterzugeben.

In den letzten 10 Jahren kam ein sehr harmonischer
und für die westliche Welt leicht zu verstehender geistiger Weg nach Europa, der einfacher als der klassische
Yoga-Weg von der Allgemeinheit zu verstehen ist und
inzwischen viele Anhänger gefunden hat.

Das Tái Chi Ch'uan

Ist ein sehr alter Weg aus China, dessen Besonderheit
es ist, daß ein jeder, egal in welchem Alter, ihn gehen
kann. Bei richtiger Ausbildung ist diese Übungsform
sehr zu empfehlen.

Meister dieses Weges können hohe Fähigkeiten und
Wissen erreichen, wenn sie sich dem meditativen
Aspekt des Seins gegenüber öffnen und die Harmonielehre von Atmung, Bewegung und Meditation – in der
richtigen Reihenfolge – zu einer Einheit verbinden können, d.h. die Elemente des Drachenweges mit dem Tái
Chi Ch'uan zu einer Einheit zu verschmelzen; so wie es
vor vielen tausend Jahren war und unzähligen Menschen Segen brachte, da damals Tái Chi Ch'uan in seiner Urform noch in richtiger Reihenfolge geübt wurde.

Häufig wird von den Lehrern dieses Weges das ewige Gesetz der Kraftentwicklung
„von Innen nach Außen"
leider nicht richtig verstanden und unklar bzw. falsch gelehrt.

Die meisten Schulen des Tái Chi Ch'uan legen Wert auf ruhige Bewegungen und vernachlässigen gerade zum Anfang die Atmung vollkommen. Ohne Atmung kann aber kein Körper leben. Also ist *das Erste*, was ein Mensch lernen muß, die Atmung. Das hat ein jeder selbst schon bei seiner Geburt erfahren: der berühmte Klaps auf dem Popo, durch den die Atmung aktiviert wird, damit der physische Körper in Bewegung gesetzt werden kann, also lebt!

Der Mensch lebt physisch durch sein Kraftzentrum: das Herz. Es bildet im gesamten Körper den Mittelpunkt, der alle Organe und Körperteile mit der nötigen Energie des Lebens versorgt.

Diese Energie nehmen wir durch das „Luftholen", also dem Atem, der feinstofflich ist, auf.

Wenn wir diese Energie kennenlernen wollen, brauchen wir nur Nase und Mund zu schließen. Das Ergebnis ist eindeutig. Wenn die im Körper befindliche Energie verbraucht ist und der „Körper" die lebensgefährdende Situation des Energiemangels erkennt, zwingt er uns – *auch gegen unseren Willen nicht zu atmen* – zur Energieaufnahme durch Einatmen.

Die Energie – also der Atem – ist wichtig um

1. zuerst unser Kraftzentrum – das Herz,
2. die körperlichen Organe, sowie
3. die Bewegungsmotorik des Körpers

aufrecht zu erhalten.

Für den Suchenden auf dem „Sportweg" heißt das, daß entweder *zuerst* die richtige Atmung oder aber die richtige Atmung *gleichzeitig* mit der körperlichen Bewegung geübt werden muß, um innerlich richtig gerichtet zu sein und zum Ziel zu führen.

Jede andere Übungsform läuft gegen den natürlichen Lebensrhythmus und wird daher das wirkliche Endziel, wenn überhaupt, erst nach langen Umwegen erreichen, nämlich nur dann, wenn man anfängt, die Atmung mit dem Körper irgendwann einmal zu harmonisieren.

Leider wird die Atmung zu häufig, wenn auch aus Unkenntnis, vernachlässigt. Es gab Fälle, wo durch falsches Atemtraining sogar schwere körperliche, teilweise kaum reparable innere Schäden entstanden sind.

Grundsätzlich ist jeder Weg, der einen Suchenden zu sich selbst – also nach Innen – führt, so gut, wie er ihn versteht bzw. verstehen kann und umsetzt.

Deshalb ist die Qualität und das Bewußtsein des Lehrers von wichtiger Bedeutung. Ein schlechter Lehrer glänzt mit seinem Können; ein guter Lehrer weist seinen Schüler ständig auf sich selbst hin.

Jeder Suchende prüfe daher genau seinen Lehrer, der eben den Menschen nach innen „öffnen will", oder nur den Fitness-Weg des Körpers aktiviert, um physische Gesundheit zu erreichen. Häufig werden hierbei leider „verkrampfte und verstückelte" Atemübungen gelehrt.

Der Drachenweg

Für die wenigen, die sich berufen fühlen, den Weg nach „Innen" unter härteren Bedingungen gehen zu wollen, ist dieses Buch gegeben.

Dieser Weg ist gegenüber dem Tái Chi Ch'uan härter, da er dem Suchenden neben schwierigeren Körperübungen vor allem aber größere Disziplinen in den auszuübenden Atem- und Meditationstechniken abverlangt.

16

Der alte Drachen-Weg führt den Übenden in die richtige Grundatmung, die Zweifach-Atmung, ein. Wenn diese Grundatmung – das Ein- und Ausatmen – beherrscht wird, werden zum Atem die ersten einfachen Bewegungsabläufe geübt. Durch grundsätzlich langsames Üben entsteht so automatisch eine harmonische Verbindung zwischen Atem und Bewegung. Über längere Zeit werden diese beiden Grundelemente durch regelmäßiges Training – meist über Jahre – harmonisiert.

Der nächste Schritt im alten Weg ist die „Entspannung" während der Atmung mit der Bewegung, d.h., Atem und Bewegung müssen so automatisch und selbstverständlich fließen, daß keine äußere Konzentration für die Übung mehr nötig ist. Dadurch wird das Gehirn ruhig. Es gibt dann während der Übungen keine Gedanken – besonders solche, die nicht dazu gehören – mehr. Durch die geistige Entspannung entsteht eine innere Leere, durch deren Grundlage geistige höhere Techniken und vor allem die Aufnahme geistiger Inspirationen möglich sind. Durch die „Entspannung" entsteht das innere „Bereitsein".

Sind diese drei Elemente miteinander verbunden, entwickelt sich aus dem Bereitsein die Konzentration auf das Wesentliche.

Der Schüler spürt dann beim Üben z. B. deutlicher denn je die Kraft des Atems, die Entspannung körperlicher Bewegung und den harmonischen Zusammenklang zwischen Geist und Körperbewegung. Ist dieser Zustand erreicht, so kann der Schüler durch seine Bereitschaft auf der Inneren Ebene seine ganze Konzentration beliebig steuern. So ist es möglich, durch Atmung, Konzentration und Bewegung Kraft-Situationen – ohne Muskelkräfte – zu erzeugen, die im normalen physischen Bereich nicht zu erreichen sind.

Verbindet der Schüler zu den bisher erwähnten Elementen die Kraft der Konzentration mit der Leere seines Gehirns, so erweitert er automatisch sein Empfindungsbewußtsein im Inneren. Ihm werden viele Dinge bewußter und deutlicher. Er wird das Wachsen seiner Kräfte als selbstverständlich erkennen und diese Kräfte im Rahmen des positiven Denkens, Fühlens und Handelns in seiner Umwelt einsetzen.

Voraussetzungen für den alten Weg

Dies also ist der Drachen-Weg, der über die hier erwähnten Techniken zur Selbstfindung führt, und mit den folgenden ausgewählten Übungen für jeden Tag nach intensivem Training die Einheit zwischen Geist und Körper bildet.

„Gehst du den Weg nach Innen, wirst du harmonisch. Die Harmonie wird, wenn du sie ständig aufrecht halten kannst, dann deine Organe harmonisch werden lassen und deinen ganzen Körper im Laufe der Zeit von Krankheiten befreien; körperliche ‚Leiden' vergehen für immer."

Der Weg nach Innen löst also, wenn er konsequent und aufrichtig gegangen wird, automatisch auch alle physischen Probleme.

Viel Geduld, ständiges Aufrechterhalten der Harmonie und große Disziplin sind unabdingbare Voraussetzungen für den inneren Weg.

Die zweite Bedingung, das hohe Ziel zu erreichen, liegt in dem häufig zitierten Begriff

„der Verwirklichung".

Was ist damit gemeint? –

Alles Erlesene, Gehörte und Erkannte muß jeder für sich selbst durch Meditation prüfen. Wird es als richtig erkannt, *muß* es im täglichen Leben des Suchenden Eingang finden; zur Selbstverständlichkeit werden. Ein Suchender nutzt also jede Gelegenheit, um sein Denken, Fühlen, Handeln und Sprechen, dem ewigen Gesetz des „positiven Denkens und Seins" unterzuordnen.

Täglich wird sein Charakter geschult, sein Verhalten geprüft, er hält das Positive aufrecht. Negatives wird er als Gelegenheit sehen, das Richtige – Positive – daraus zu entnehmen.

Dieser Weg verlangt von jedem erst einmal „die eigene Welt in Ordnung zu bringen". Das heißt, sie positiv, also harmonisch zu gestalten, egal, wie die Umwelt auf ihn wirkt.

Wenn dies erreicht ist, stärkt er durch den „geistigen Sportweg" seinen Körper. Die Atmung stabilisiert dann mit Hilfe der Meditation das Nervensystem, das eine gewisse Stärke haben muß, um den letzten Schritt zu tun –

das Bewußtsein dem Universalen gegenüber zu öffnen, das reinste Energie und Verstehen allen Seins ist.

Die Atmung

Atem ist Energie, die durch den Körper als Kraft in Erscheinung tritt.

Würde zuerst die körperliche Bewegung und danach die Atmung erfolgen, wird Kraft – der physische Bereich – als Energie benutzt und die „Atmung als Kraft". Da der Körper „außerhalb" und der Atem „innen" wirkt, würde demnach jede Technik von Außen nach Innen gehen.

Bei jedem Bruchtest z.B. spürt man aber, daß durch

1. Konzentration,
2. Atmung und
3. Kraft

die optimale Freisetzung der Energie, die im Zusammenspiel Technik genannt wird, erfolgt.

Alles andere, wie auch das erste Beispiel, wäre eine wider der Natur bedingte Übungsweise.

Dies bestätigen übrigens *alle* alten Texte, die in Übereinstimmung sagen, „jeder Weg – der geistige wie auch der körperliche – geht von Innen nach Außen."

Wer den Weg nach den geistigen Grundlagen gehen will, muß zuerst seinen Körper stabilisieren. D.h., er muß den Funktionsapparat Körper in einen harmonischen

Bewegungsablauf bringen, indem er durch Einatmen seine Körperenergie, die über das Nervensystem fließt, aktiviert – ohne Energie keine Bewegung, also Stillstand.

Die eingeatmete Energie fließt durch den Körper. Durch Ausatmen wird Bewegung verursacht. Der Atem ist die Lebensenergie, die den Körper aufrecht erhält. – Wer atmet lebt!

Aufgrund der alten Texte ist festzustellen, daß es insgesamt drei Atemtechniken gibt, die einander aufbauen. In der höchsten Technik werden die Energien direkt und unmittelbar im physischen Bereich als sichtbare Kraft aktiviert. Mehr darüber werden wir nicht sagen, da diese Technik, wenn sie von Unwissenden aktiviert wird, zu erheblichen körperlichen und bleibenden Schäden führen kann. Hohe Atemtechniken sollen grundsätzlich nur von speziell ausgebildeten Wissenden trainiert und gelehrt werden.

Der Atem als grundsätzliche Lebensenergie sollte eigentlich jedem vertraut sein. Die Praxis beweist dies leider nicht.

Beim einzigen richtigen physischen Atemweg – der den Körper, den Blut-Kreislauf, seine Organe und Nerven stabilisiert – wird die Luft durch die Nase bei geschlossenem, aber nicht verkrampften Mund, *geräuschlos* eingeatmet.

Langsam und *ohne Druck* geht der Atem von der Nase seinen Weg. Ruhig, besser gleitend, gelangt er über die Lungen ins Zwerchfell, sammelt sich dort, bis eine leichte Spannung die Bauchmuskeln berührt. Während des einatmenden Zustandes darf kein „Kugelbauch" entstehen. Der Torax muß glatt und ganz leicht angespannt, aber *nicht verspannt* sein.

Ohne daß im Hals geschluckt oder gedrückt wird, ist der Atem genauso geräuschlos und langsam gleitend, wie er eingeatmet wurde, auch ohne jegliche Verkrampfung zuerst aus dem Zwerchfell, dann aus den Lungenflügeln auszuatmen. Beim richtigen Ausatmen sind folgende Voraussetzungen nötig.

1. Der Mund wird leicht geöffnet.
2. Die Zungenspitze wird beim Ein- und Ausatmen grundsätzlich mit ihrer Oberfläche *leicht* an den Gaumen „gedrückt". Nach einiger Übung geht das ganz automatisch und problemlos.
3. Die Luft wird nun langsam aus dem Zwerchfell und den Lungenflügeln hinausgleiten und aus dem Mund ausgeatmet. Dabei tritt sie aus den Mundwinkeln heraus, ebenfalls geräuschlos.
4. Die Wangen dürfen keine Kugeln (Blasen der Luft) bilden. D.h. sie sind leicht anzuspannen, aber *nicht* zu verspannen.

Beim nächsten Einatmen wird der Mund nun ohne Verkrampfung leicht geschlossen und die Energie, wie zuvor beschrieben, eingeatmet.

Diese richtige Atmung erlernt man am besten in entspannter Rückenlage – als Untergrund ist ein Teppich bzw. eine Wiese in der Natur zu bevorzugen. Die Füße zeigen nach Süden. Der Kopf wird gerade und entspannt – auf Halsverkrampfungen achten! – auf den Boden gelegt. Nun rollen wir ihn ganz langsam und locker von rechts nach links – ca. 20 mal.

Wir spüren eine wohltuende Entspannung. Jetzt wird der Kopf gerade gehalten. Die Augen werden geschlossen, die Zunge wird an den Gaumen geführt, und wie besprochen atmen wir.

Wir werden feststellen, daß die tiefe „Bauch-Atmung" im Liegen am leichtesten zu bewältigen ist.

Nachdem die Übung nicht mehr schwerfällt, sollte man mit folgender Konzentrationsform die Atmung intensivieren:

Wir stellen uns vor, daß wir ein „Partikel" der einzuatmenden Luft sind, und folgen dieser nun gedanklich auf ihrer „Reise" durch den Körper.

Wir fühlen, wie wir durch die Nasenlöcher – durch einen leichten Sog (ohne Druck!) – in die Nasenhöhle an der Kehle vorbei bis zur Luftröhre gleiten; dann an den Bronchien vorbeikommen und stetig gerade hinab durch die Lungenflügel ruhig in das Zwerchfell fließen, bis wir einen leichten „Druck" von innen her gegen die Bauchmuskulatur spüren.

Dieser leichte Druck (nicht verkrampfen!) bewegt die Luft, als wenn sie sich im Zwerchfell „gerollt" hätte, wieder langsam gleitend durch die Lunge und Luftröhre an den Bronchien vorbei über den Kehlkopf bis in die Mundhöhle.

Seitwärts der am Gaumen angelegten Zunge fließt der Atem nun beim leicht geöffneten Mund und gestrafft (nicht verspannt) gehaltenen Wangen aus dem Körper!

Wenn wir diesen Ablauf genau, regelmäßig und intensiv üben, wird die Atmung ebenso wie die Konzentration stärker.

Fällt uns auch diese Übung leicht, vertiefen wir sie durch aufrechtes Sitzen.

Zuerst reicht es, wenn wir den Oberkörper gerade halten, die Füße ausgestreckt oder leicht angewinkelt haben. Je nachdem, wie es uns angenehmer ist.

ALLERDINGS DÜRFEN DIE BEINE, UND DIES GILT EBENSO FÜR DIE ARME, *NIE* ÜBERKREUZT WERDEN. DADURCH WERDEN DIE ENERGIEN IM KÖRPER BLOCKIERT UND ERSCHWEREN DIE ÜBUNGEN ERHEBLICH!

Wenn uns die beschriebenen Atem-Übungen im Sitzen ebenfalls nicht mehr schwerfallen und die Konzentration ruhig wird, haben wir den ersten „Berg" zu unserem Ziel nach Innen überwunden.

Der nächste Schritt wird uns etwas leichterfallen.

Im aufrechten Sitzen müssen wir nun die Atmung in einen gleichmäßigen Rhythmus bringen. Daß heißt, genau so lange, wie wir einatmen, müssen wir auch ausatmen. Aber immer daran denken – geräuschlos und ohne Druck atmen. Durch die gleichmäßige Atmung geben wir soviel Energie beim Ausatmen ab, wie wir beim Einatmen aufgenommen haben.

Auch wenn andere Schüler längere Atem-Rhythmen haben, muß jeder lernen, seinen eigenen Rhythmus zu finden. Denn ein jeder „innerer Weg" ist individuell.

Die Länge der Atem-Rhythmen selbst ist unwichtig, da jedes Atmen Energie aufnimmt bzw. abgibt.

Wenn du bis zu diesem Punkt gekommen bist, hast du über Atmung bereits mehr in dir verwirklicht, als die meisten Menschen darüber wissen. Du stehst nun vor einem großen Ereignis.

Du wirst jetzt lernen, deine Atem-Energie zu steuern. Die in dir entwickelte Atem-Kraft macht das möglich.

Sitze wie bisher aufrecht – vielleicht kannst du inzwischen einen offenen „Schneider-Sitz", auch offener „Lotus-Sitz" genannt, einnehmen. Die Atem-Technik wird nun noch tiefer werden, ebenso wie deine Konzentration sich weiter verstärkt.

Atme ruhig – wie geübt – ein. Spüre, wie der Atem dich durchfließt. Du bist das „Partikel". –

Konzentriere dich nun auf deine Stirn. Zentriere den „Punkt" über der Nasenwurzel zwischen den Augenbrauen, während du ein- und ausatmest. Nach einiger Übung – je nach Intensität – wirst du etwas spüren: Wärme, Kribbeln, einen leichten „Druck" etc. Genieße diesen „Effekt". Er ist das erste Resultat deiner Konzentrations- und Atemkraft. Übernimm auch diese Übung jetzt in deine täglichen „Sportabläufe". Am besten einmal vor und einmal nach deinem Drachenweg.

Erschrecke nicht, wenn du eines Tages „Bilder siehst". Dies ist normal. Es ist eine erste vorsichtige und bewußte Öffnung deines inneren Empfindens.

Mache jetzt nicht den Fehler, das dann „Gesehene" als Phantasie oder auch wörtlich zu nehmen. Die Bilder sind fast immer eine Symbol-Sprache und erst übersetzbar, wenn man den nötigen „Schlüssel" dafür hat. Dafür brauchst du aber Zeit und Geduld. Wenn du dann eines Tages weit genug bist, wirst du in deiner Nähe jemanden finden, der dich auf deinen „Inneren Weg" weiter weist. Sieh dich aber kritisch und genau um. Unterscheide genau zwischen Schein und Sein. Dann wirst du „deinen Lehrer" für den geistigen Weg auch finden und erkennen.

Sollten andere Atem-Techniken als die hier beschriebenen, wie z.B. Techniken mit einem „Festhalten" von Energien, von dir verlangt werden, dann solltest du nur mit und durch ausgebildete Lehrer – besser noch mit Meistern – diese Techniken üben. Denke daran, durch falsches Atem-Training sind oft schon gesundheitliche Schäden entstanden.

Solange du die hier beschriebenen Atem-Techniken ohne „Druck" und „Krampf" vollziehst, wirst du keine Gefahr für deine Gesundheit haben. Nur denke daran, jede Sache, die übertrieben wird, wandelt sich auch ins Gegenteil. Der große Lehrsatz gerade im geistigen Weg lautet:

– weniger, aber das Richtige bewußt, ist immer mehr.

Richtige Atmung ist eigentlich ganz leicht und schnell lernbar. Die hier beschriebene Atmung sollte von jedem auch im täglichen Leben so vollzogen werden. Es handelt sich hier nicht um eine – wie häufig fälschlich dargestellt – „Sportatmung". Wenn der Übende diese Atmung ständig bewußt und kontrolliert

übt, wird er erkennen, daß dieser kontrollierte Energie-
zufluß seinen ganzen Körper bewußt erreicht, und zwar
so stark, wie er die Atmung aktiviert.

Viele Verdauungsprobleme, Kopfschmerzen und
allgemeines Unwohlfühlen lassen sich – bei entspre-
chender Übung – denn die Atmung ist nur eine Frage
der Disziplin – einfach „wegatmen".

Nachdem die physische Zweifach-Atmung, das Ein-
und Ausatmen, beherrscht wird, braucht der Übende
nur noch die Harmonie der Atmung mit dem Körper
erreichen. Die hierfür nötige Regel ist wie alles hohe
Wissen im Prinzip ganz einfach zu verstehen.

Der Bewegungsablauf

„Jede Bewegung, die zum eigenen Körper führt, wird
durch Einatmen, jede Bewegung vom eigenen Körper
weg, durch Ausatmen aktiviert."

Um zur Meisterschaaft, und damit zum hohen Weg
zu gelangen, ist es wichtig, daß der Atem ruhig, vor
allem gleichmäßig fließend, geführt und mit entspannten, gleitenden Bewegungen abgestimmt, also harmonisch, wird.

Die so erzielte Harmonie bringt Entspannung in den
Körper, das Denken läßt nach und im gesamten Bewe-
gungsapparat fließen Ruhe und Frieden ein.

Damit die Ruhe sich entwickeln kann, ist neben der
richtigen Atmung der Bewegungsablauf wesentlich.

Grundsätzlich gibt es in den Ausführungen der hohen alten Übungen keine physische Kraft.

Körperliche Anspannung erfährt der Übende nur solange, wie er noch nicht gelernt hat, die Atmung
fließend mit der Bewegung abzustimmen.

Ist die Abstimmung erfolgt, schwindet schlagartig
das Gefühl körperlicher Belastung beim Üben.

Der Bewegungsablauf verlangt besondere Aufmerksamkeit.

Im täglichen Leben werden oft schnelle, reflexartige Bewegungen mit viel physischer Kraft, häufig unbewußt, ausgeführt.

Wirkliche Innere Kraft entwickelt sich aber nicht durch körperliche Belastung, sondern durch entspannte Atmung, die in ruhiger Bewegung physisch ihre Auswirkung zeigt.

Alte Atem-Meister durchstoßen z.B., wenn sie Atemkraft demonstrieren, mit dem Zeigefinger einen großen Flußkiesel, den sie frei in der Hand halten – also ohne jeglichen Gegendruck – nur durch richtige Abstimmung von Atem und *entspanntem* Bewegungsablauf!

Grundsätzlich wird jede Übung

1. entspannt
2. ruhig
3. langsam und gleichmäßig – nicht ruckartig –

ausgeführt.

Jede Bewegung ist ohne Kraftaufwand auszuführen. Je langsamer und entspannter die Bewegung, um so stärker entwickelt sich im Laufe der Jahre die Innere Kraft, sofern die Atmung ebenfalls ohne Verkrampfung der Bewegung angepaßt werden kann.

Hier gilt folgende Grundregel: Ruhig und leicht – ohne Druck – einatmen, wenn die Arm- bzw. Beinbewegung an den Körper herangeht.

Ruhig und gleichmäßig – ohne Druck – ausatmen, wenn die Bewegung vom Körper wegführt.

Für den meditativen Bewegungsablauf, den wir hier erklären, darf keinerlei Kraftaufwand – auch nicht in der Endphase eines Stoßes oder Trittes etc. – erfolgen!

Übungen, die mit „Schnellkraft", d.h. schneller Bewegung und leichter Anpassung im Körper ausgeübt werden, sind letztendlich eine Mischung von äußerer und innerer Körperenergie, die unter optimaler Abstimmung zu aufsehenerregenden Fähigkeiten wie z.B. ungewöhnlichem Bruchtesten etc. führen können.

Diese Techniken, da sie eine Mischung der „Inneren" und „Äußeren" Kraft sind, und nicht ein Durchfließen der inneren Kraft, führen aber trotz intensivster Übung nicht zum hohen Ziel, da ihr Beweggrund physisch orientiert und nicht im Geistigen verankert ist.

Die ersten beiden Übungen des alten Weges sind deshalb bewußt auf die Konzentration von Atmung und Bewegung abgestimmt. Der Übende lernt, das Ein- und Ausatmen mit dem einfachen geraden Bewegungsablauf zu harmonisieren. Diese Übungen sollten so lange trainiert werden, bis Atmung und Bewegung eine automatische Einheit bilden.

Erst danach ist es sinnvoll, mit sogenannten „Doppeltechniken" anzufangen, denn diese Übungen sind gerade für den Anfänger sehr schwer, weil die Atmung nicht lang und ruhig, sondern *kurz* und ruhig durchgeführt wird. Dies wollen wir an einem Beispiel verdeutlichen:

Strecke die linke Hand aus und setze die rechte Hand an deine Hüfte auf der rechten Seite. Da die linke Hand ausgestreckt ist, haben wir also auch ausgeatmet.

(Bei gleichzeitigen Techniken geht man grundsätzlich von der ausgeatmeten Situation aus.) Nun werden beide Hände synchron bewegt – wir atmen dabei ein. Beide Hände treffen sich auf halbem Weg in Brusthöhe.

Jetzt übernimmt die rechte Hand, die vom Körper weggeht, die Führung, und wir atmen aus, bis wir in der Endstellung sind, d.h., die rechte Hand ist vorn (fast) ausgestreckt und die linke nun an der linken Hüfte.

Bei den Doppeltechniken wird also immer so lange eingeatmet, bis sich die Doppeltechnik in der Mitte des zurückzulegenden Weges trifft, um dann durch Ausatmen die Energie aus dem Körper freizulassen zur Stoß- bzw. Schlagübung.

Die Atmung der Doppeltechnik ist besonders wichtig, wenn in späterer Zeit die Tierstile des Drachenweges hintereinander geübt werden, da die einzelnen Bewegungen auch kurzfristige Atemrhythmen verlangen.

Denke an einen großen weisen Satz alter Meister, die ihren Schülern immer sagten:

„Weniger ist mehr!" – „Gerade beim Üben!"

Diese große Weisheit sollten wir für den Drachenweg beherzigen. Übe langsam und intensiv die einfache Form. Erst wenn diese Übungsform Harmonie in dir erzeugt – das fühlt dann automatisch jeder selbst – fangen wir an, die Doppeltechnik mit der Atmung leicht und ohne Verkampfung zu trainieren. Wenn beide Atemübungen ohne Probleme vollzogen werden können, sind wir soweit, daß die Atmung mit dem Bewegungsablauf, wie beschrieben, verknüpft werden kann. Wir können nun selbst prüfen, ob wir ruhig, geduldig und langsam die Formen üben und dabei harmonisch Bewegung und Atmung verbinden, bis beides eins ist und wir das erste große Erlebnis der inneren Ruhe, Entspannung und des Energieflusses haben, der uns die Kraft für unseren Inneren und Äußeren Weg im Leben gibt.

Die Wiederentdeckung des Drachenweges

In den vergangenen Epochen der Erdentwicklung, die von unseren heutigen Wissenschaftlern u.a. die Vorzeit genannt wird, gab es bereits nachweislich hohe Kulturen. Diese waren sehr weit entwickelt und hatten die Prinzipien der Vollkommenheit durch Verwirklichung der Harmonielehre – der allumfassenden Liebe – bereits in ihren Lebenszyklen auf ein sehr hohes Niveau gebracht.

Die meisten alten Aufzeichnungen über diese Epochen wurden im Laufe der Jahrhunderte durch menschliche Einflüsse und Naturveränderungen, denen teilweise sogar ganze Kontinente zum Opfer fielen, vernichtet und gerieten so vollkommen in Vergessenheit.

Zu verschiedenen Zeiten, wenn ernsthaft Suchende hohes Wissen erwerben und vor allen Dingen erringen wollen, lüftet das Gesetz des Lebens manchmal den Schleier der Vergessenheit und gibt Bruchstücke der Ewigen Wahrheit frei. Dadurch werden Wege aufgezeigt, durch die Suchende zum wahren Wissen gelangen können.

In den letzten Jahrhunderten hat die menschliche Evolution viele große – wenn auch nicht immer glückliche – Schritte vollzogen und somit diesen Schleier leicht angehoben. Allein das Literaturbedürfnis nach den ewigen geistigen Gesetzen und das allgemeine Interesse am Geistigen heutzutage, sind deutliche Hinweise für eine Zeit, in der es nötig ist, den Schleier der Vergessenheit wieder ein wenig zu lüften und einen weiteren Teil der Ewigen Wahrheiten zu offenbaren.

Dann aber ist es Aufgabe des ernsthaft Suchenden, die Bruchstücke der Wahrheiten zu finden, zu erkennen und als Grundlage eigener Forschungen und Erkenntnisse zu nutzen, um aus dem gefundenen Teil des Wissens wieder das ursprüngliche Ganze entstehen zu lassen.

Dieser mühsame Weg des Verstehens wird dem ernsthaft Suchenden geboten, um über Verstehen und Vollziehen, d.h. Verwirklichung im eigenen Leben, nicht nur den Geschwistern zu dienen, sondern auch eigenes Karma abzutragen.

Vor langer Zeit haben deshalb die chinesischen Mönche des Shao-Lin-Klosters die große Gnade erhalten, die Lebensgrundlage allen Seins in der Meditation wieder zu entdecken.

Sie fühlten, daß die Harmonie zwischen allem Sein die einzige Ewige Wahrheit ist. Um diese Wahrheit, die sie als Harmonie empfanden, kennenzulernen, fingen die Mönche an, ihre Umwelt intensiv zu beobachten.

Sie untersuchten die Pflanzen und fanden viele Heilmittel der Vergangenheit wieder, aus der – wenn auch entartet – unsere heutige Medizin entstand.

Sie beobachteten die Tiere, ihr Wesen und ihre Bewegungen.

Dabei stellten sie fest, daß die Tiere gegenüber der damaligen Bevölkerung relativ gesund und viel harmonischer waren.

Sie stellten fest, daß die Eßgewohnheiten der Tiere und ihre Bewegungsmotorik im direkten Zusammenhang standen.

Sie fanden heraus, daß die Tiere, die am meisten Harmonie und Frieden symbolisierten, sich vegetarisch ernährten.

Um das Wesen der Tiere besser kennenzulernen, aßen die Mönche nun ebenfalls pflanzliche Nahrung und versuchten die Tierbewegungen nachzuahmen.

Dabei stellten sie fest, daß beides aufeinander abgestimmt dem menschlichen Körper sehr gut tat.

Nach langen Studien fanden die Mönche heraus,

daß einige der Tiere in ihrem Wesen und ihrer Bewegungsart mit den Menschen Gemeinsamkeiten haben. Dies betrifft besonders auf vier Tiere zu:

– der Tiger – seine Bewegungsart – fördert den Knochenbau

– die Schlange verbindet die große Synthese von langsam und gleitend und harmonisiert den Bewegungsablauf

– der Leopard fördert die Körperkraft

– der Kranich bildet die Sehnen aus und stabilisiert das Nervensystem

die zusammengenommen die Konstitution des Menschen verbessern.

Die Mönche stellten fest, daß gerade das Nachahmen dieser Tiere den menschlichen Körper in seinem Gesamtzustand wesentlich konditionierte.

Zu diesen vier Tierformen fügten die Mönche ihre meditativen Erfahrungen hinzu.

Das Geistige wird seit alters her – schon vor der sogenannten Vorzeit – als nicht greifbare Macht symbolisiert. Daraus entstand im Laufe der Erdevolution der Begriff der „fliegenden Energie", die mit dem Wort „Drache" bezeichnet wurde.

Die Verbindung der vier Tierstile mit dem meditativen Aspekt des „Drachens" brachte bereits damals erstaunliche Ergebnisse hervor.

Die Übenden erreichten eine große Ruhe und Stärke und vervielfältigten ihre Meditationskraft erheblich.

Einige alte Überlieferungen berichten von erstaunlichen Kräften, die Unwissende für Wunder hielten, die Menschen, die mit diesem geistigen Weg arbeiteten, entwickelt hatten.

Im Laufe der Jahrhunderte wurden die Grundübungen der Stile häufig verändert und mit verschiedenen Namen versehen. Sie waren immer sogenanntes „Geheimwissen" das nur den eingeweihten Mönchen bekannt war, die mit diesen Fähigkeiten und Kräften den harmonischen Einklang zwischen Geist und Natur erreichen wollten.

Einige Überlieferungen sagen, daß bereits vor einigen tausend Jahren unter der Choon-Chew-Dynastie diese Übungen erstmalig dem Volk als Körperschulung weitergegeben wurden, um mehr Gesundheit und Stabilität zu erreichen.

In der heutigen Zeit wurden die alten Tierübungen der Shao-Lin-Mönche, die in ihren Grundlagen auf die Atlantische Epoche zurückgehen, mit der ebenfalls aus Atlantis stammenden alten Licht-Meditation wieder zusammengefügt.

Der Atem, die Lebensgrundlage im Physischen, war bereits in der Atlantischen Zeit als das Verbindungsglied zwischen dem Meditativen- und Bewegungs-Element bekannt. Dieses ebenfalls aus alten Texten bestehende Wissen wurde in die Tierübungen eingefügt, damit die Bewegung, die Meditation und der Atem zu einer Einheit, zur Harmonie werden, in der alle Wahrheit des Lebens liegt.

Dies zu erkennen ist Aufgabe des Übenden, der durch die Meisterschaft dieser drei Bereiche, verbunden mit den Gesetzen des Lebens, bei regelmäßigem Üben zwangsläufig zum Ziel kommt.

So entstand nach langer, langer Zeit durch die Gnade der Ewigen großen Wahrheit – dem Gesetz des Lebens – aus alten Texten und Bruchstücken der Vergangenheit das wieder, was bereits unsere Geschwister in der atlantischen Blütezeit nutzten, um zu sich selbst und zur Ewigen Wahrheit zu finden:

„Der Drachenweg".

Das Symbol des Drachenweges

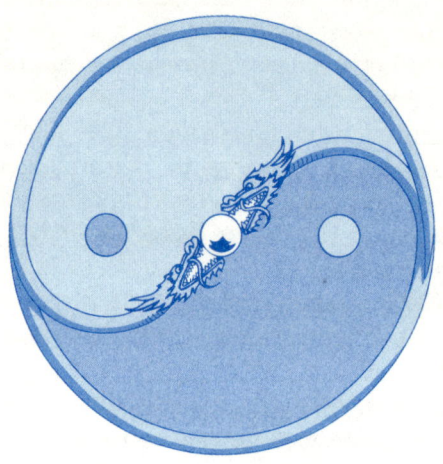

(Farben: siehe Schutzumschlag)

Das Zeichen stellt symbolisch die Evolution und ihre Gesetzmäßigkeiten dar.

Der Blaue Kreis schützt den Inhalt, die Harmonie allen Seins. Richtig gesehen, handelt es sich bei dem Kreis um eine Spirale, die den Evolutionsweg allen Lebens darstellt.

Auf der Spirale steigt alles über viele Inkarnationen aufwärts, seiner Bestimmung – der vollkommenen Harmonie – entgegen.

Die obere Gold-Gelbe Hälfte stellt den geistigen Teil – das Erkennen des Geistigen dar – der mit „Drachen" oder Yang bezeichnet wird.

Die untere Rosa Hälfte stellt den physischen Teil – das Verwirklichen in der Materie dar – der mit „Tiger" oder Ying bezeichnet wird.

Der Rosa Kreis in der Gold-Gelben Hälfte besagt, daß aus dem Geistigen alles Materielle entsteht, was folgende Erklärung verdeutlicht:

Ein Architekt soll ein Haus entwerfen. Er konzentiert sich auf das Grundstück. In seinem geistigen Sein, das sich durch das Denken ausdrückt, hat er eine Vision, die er auf das Papier bringt.

Aus dem Entwurf wird ein Bauplan, nachdem das Haus dann im Physischen, also materiell, erbaut wird.

Alles Materielle entsteht so im Geistigen.

Der Gold-Gelbe Kreis in der Rosa Hälfte besagt, daß alles Materielle einen geistigen Kern bzw. Ursprung hat, was uns folgende Erklärung verdeutlicht:

Alle physischen Dinge wie z.B. Menschen, Tiere, Pflanzen und Steine, bestehen in ihrer Ursubstanz aus Atomen, die weder sicht- noch fühlbar, also geistig, sind.

Wenn die einzelnen Atome sich verbinden, entsteht daraus sicht- und fühlbare Materie, wie z.B. Menschen, Tiere, Pflanzen und Steine.

Das was entsteht, wird durch die Verbindungsqualität der Atome, d.h. deren Fähigkeit, bestimmte Verbindungen einzugehen, erreicht.

Das Geistige ist so der Kern aller Materie.

Beide Hälften zusammen ergeben das vollkommene Ganze, das wir die Harmonie nennen, die durch die Spirale symbolisiert wird.

Der Inhalt der Spirale zeigt den Harmoniegrad des inkarnierten Lebens an.

Bevorzugen wir in unserem Leben eine der Hälften, wird diese wachsen und die andere dementsprechend schrumpfen.

In diesem Falle sind beide Teile nicht mehr gleich groß, also nicht in Harmonie. Der stärkere Teil nimmt dem anderen Raum zur Entfaltung.

Hierfür sind materiell-orientierte Menschen ein deutliches Beispiel, denn der materielle Aspekt im Menschen überwiegt meist sehr stark. Deshalb findet man bei diesen Menschen selten Interesse an den wirklichen wahren – den geistigen – Grundlagen.

In solchen Fällen sorgt das Karmische Gesetz im Laufe der künftigen Leben dann für den Ausgleich, indem z.B. eine neue Inkarnation mit vorwiegenden geistigen Lebensinhalten folgen kann.

Die Sinuswelle in der Mitte der Spirale stellt den harmonischen Zustand beider Hälften, den jeder Mensch erreichen soll, dar.

Diese Welle wird auch „der Weg der Mitte" oder „Drachenweg" genannt.

Die beiden Drachenköpfe symbolisieren den ständigen Kampf um die Vorherrschaft zwischen dem geistigen und physischen Teil im Menschen.

Wenn der Mensch nicht stabil in seiner Mitte steht, wird er mal der einen, mal der anderen Seite den Vorrang geben und an dieser Disharmonie leiden.

Die Weiß-Blaue Perle zwischen den Drachenköpfen symbolisiert die Mitte des Menschen – seine Urkraft – sein Herz.

Sie stellt mit den beiden Kreisen in waagrechter Linie die Dreiheit dar, aus der alles entsteht:

Die Urkraft, das Erkennen im Geistigen und das Verwirklichen des richtig Erkannten in der Materie.

Die blaue Umrandung der drei Kreise zeigt, daß Gott – der Ursprung – alles aus ihm Herausgetretene schützt.

Wenn der Mensch durch den Drachenweg gelernt hat, die Wahrheit in sich zu finden und dadurch in der Mitte zu bleiben, verlieren die Drachen ihren Herrschaftsanspruch, und der Mensch steht dann in sich ruhend fest, wie ein Fels im Meer.

So geht er seinen Weg in die Vollkommenheit, indem er sein Denken, Fühlen, Handeln und Sprechen nur noch positiv aufbauend und göttlich befreiend zum Wohle aller nutzt.

Grundlagen des Drachenweges

Der alte Drachenweg, der in China teilweise als Shao-Lin bekannt ist, geht auf 5 Stil-Einheiten zurück, die aufgrund ihrer Bewegungsarten Tieren zugeordnet wurden.

Der Drachen-Stil

Der Drachen-Stil verlangt von dem Übenden, daß die fünf Schwerpunkte des menschlichen Körpers
– die beiden Handflächen,
– die beiden Füße und
– das Herz – so aufeinander abgestimmt werden, daß man sich in diesen Techniken nach jeder Richtung wenden kann, ohne seine eigene Mitte zu verlieren. Dieser Stil verlangt Leichtfüßigkeit und wird, richtig angewandt, ohne plumpe Körperkraft ausgeführt.

Kopf und Rumpf werden aufrecht gehalten und sind vollkommen gelockert.

Die Augen sollen geradeaus schauen und durch Konzentration das gesamte Umfeld sehen. D.h., ohne daß man nach unten schaut, soll der Übende die eigenen Fußspitzen sehen. Durch das Bemühen, scharf geradeaus zu schauen, werden die Augen gestärkt.

Wer den Drachen übt, erlangt Kraft und Gesundheit und seine Augen werden an Schärfe gewinnen.

Der Tiger-Stil

Der Tiger-Stil fördert die Ausbildung der Knochen. Denn wenn diese nicht stark sind, geben sie keine Kraft in den Körper. Wesentlichstes Merkmal des Tiger-Stils sind gestreckte Stellungen, die besonders Hüfte,

Rumpf, Hände und Beine betreffen. Beim Üben dieser Techniken wird eine leichte Anspannung, aber keine Verkrampfung oder Anspannung vollzogen. Längjähriges Üben des Tiger-Stils werden die Knochen des ganzen Körpers stärken.

Der Schlangen-Stil

Beinhaltet eines der großen Geheimnisse des alten Drachenweges.

Richtig ausgeübt, verbindet er die großartige Synthese von Hart und Weich, Langsam und Gleitend, Bewegung und Ruhe.

Der Schlangen-Stil verhilft dem Übenden zu einer tiefen und gleichmäßigen Atmung ohne Keuchen und Schnappen. Durch die tiefe Atemtechnik wird die Bauchgegend elastisch gehalten und dadurch die Verdauung gefördert.

Durch die entspannten Bewegungen der Schlange und die konzentrierte tiefe Atmung erscheint für einen Außenstehenden der Körper kraftlos.

Das Geheimnis der Schlangentechnik ist aber, blitzschnell ein möglichst großes Energiepotential an Kraft freizulassen wie der stärkste Mensch. Dennoch wird die Schlange grundsätzlich langsam und geschmeidig, ebenso wie sich eine Schlange in der Natur bewegt, geübt.

Gerade die Schlangentechnik ist für die tiefe Atempflege gedacht. Wer das erreicht, kann die Luft nicht nur in der Bauchhöhle sammeln und daraus steuern, sondern auch den ganzen Umlauf des Blutes mit Kraft, sprich Energie, versorgen.

Der Leoparden-Stil

Der Leoparden-Stil dient der Ausbildung der Kraft. Diese wird u.a. dadurch erreicht, daß eine knappere geduckte Reiterhaltung eingenommen wird. Die Armtechniken werden kürzer am Körper gehalten und nicht wie beim Tiger-Stil gestreckt.

Der Kranich-Stil

Mit dem Kranich-Stil wird die Ausbildung der Sehnen, die ja Muskeln und Knochen verbinden, bezweckt. Dieser Stil ist sehr schwer und langwierig zu lernen, da er viel mit dem Gleichgewichtsempfinden, z.B. stehen auf einem Bein, zu tun hat. Der Kranich-Stil ist besonders wichtig, da die Übungen die Hals- und Nacken-Sehnen richtig ausbilden. Dies geschieht z.B. durch Heben des Kopfes, wobei der Körper zurückgelehnt wird. Gerade für spätere mediale Übungen sind die Kranich-Figuren eine wesentliche Voraussetzung, um Nervenstabilität und stärker fließende Energie im Körper aufnehmen zu können.

Anwärmübungen

Die „Gymnastik" ist für den Übenden solange wichtig, bis Meisterschaft erreicht ist. Die Anwärmübungen fördern die Durchblutung und bereiten den Körper für das eigentliche Training vor.

Große Meister dieses Sportweges haben über Anwärmübungen einmal gesagt:

„Wenn eine Ziege in den Bergen von einem Löwen angegriffen wird, kann sie nicht aus ihrer Ruhestellung heraus erst einmal Gymnastik machen, bevor sie wegrennt, sondern muß sofort reagieren können."

Dieses hohe Ziel zu erreichen, verlangt aber sehr viel Übung, damit keine Schäden im Muskulatur- und Sehnenbereich des Übenden entstehen.

Da weniger bekanntlich mehr ist, raten wir allen Übenden, grundsätzlich mit den Anwärmübungen anzufangen.

Die Übungen sollten entweder frühmorgens oder abends, dann aber mindestens ein bis zwei Stunden *vor* dem Schlafengehen vollzogen werden. Da diese Übungen sehr viel Energie im physischen Körper aktivieren, bzw. auftanken, kann es sonst passieren, daß man direkt nach den Übungen erhebliche Einschlafstörungen hat. Vorzugsweise sollten die Übungen im Freien, oder wenn in Räumen, bei offenem Fenster vollzogen werden. Es ist auch nicht ratsam, sämtliche im Buch beschriebenen Übungen, seien es Atemtechniken, Sportübungen oder Meditationen, gleich nach einer Mahlzeit zu trainieren, da die durch das Essen entstandene körperliche Belastung, die durch Energie-Aufnahme und -Leiten noch verstärkt wird, fast immer zu Unwohlsein und Übelkeit führt.

Grundsätzlich sollten alle Übungen nur insoweit trainiert werden, wie sie ohne große Anstrengung geübt werden können.

Ein leichtes Ziehen in den Muskeln und Sehnen ist nicht schädlich, sondern ein Zeichen des Wachstums. Es wäre aber unklug, diese Übungen mit „aller Gewalt" zu vollziehen, da durch solche Übungsweise Muskelrisse, Sehnenzerrungen und andere Verletzungeen vorprogrammiert werden.

Meisterschaft entsteht nur, wenn weniger, aber dafür richtig geübt wird.

Der Übende wird auch feststellen, daß, obwohl die Übungen selbst langsam vollzogen werden, Muskelkater und Schmerzen einfach durch die ungewohnten Stellungen entstehen. Wie bereits erwähnt, handelt es sich beim alten Drachenweg um eine Lebensschule, die verlangt, daß man gewisse Hürden überwinden muß.

Übungsregeln

Wer beständige Fortschritte erreichen will, sollte die nachstehenden Regeln beachten:

1. Habe grundsätzlich beim Üben eine friedliche Stimmung und unterlasse alles Denken und Grübeln.
2. Führe sämtliche Übungen so präzise und genau aus, wie du kannst bzw. bemühe dich darum.
3. Dehne die Übungen nicht zu lange aus. Übe lieber weniger, denn das richtig beherrscht, ist immer mehr.
4. Übe regelmäßig und gleichmäßig.
5. Übe deine Ausdauer, denn sonst erreichst du dein Ziel nicht.
6. Lerne die Kraft der Konzentration erkennen und verwirklichen, wenn du zum Ziel kommen willst.
7. Lerne schrittweise, d.h., übe erst eine Stellung. Und wenn du diese beherrscht, gehe zur nächsten über.
8. Denke an die Worte „Bringe deine Welt in Ordnung". (Drachenweg und kneipendurchzogene Nächt vertragen sich kaum.)
9. Bedenke der Wichtigkeit richtiger Atmung. Atme durch die Nase langsam, gleichmäßig, leicht, ruhig und geräuschlos bis zum Zwerchfell ein und genauso entspannt durch den Mund aus.
   Denke daran, daß der Körper gerade aufgerichtet ist. Beim Heben der Arme, beim Ausbreiten der Hände, beim Beugen des Rumpfes, wird ausgeatmet. Beim Senken der Arme, beim Zurücknehmen der Hände, wird eingeatmet. Bemühe dich, die Atmung mit der Bewegung zu harmonisieren, d.h. abzustimmen.
10. Halte dir stets vor Augen, daß dieser „Weg" den Zweck hat, deine Kraft zu erhöhen, deine Gesundheit zu festigen und deine „inneren Systeme" zu stabilisieren, um für deinen Weg nach Innen vorbereitet zu sein.

Der Drachenweg versteht sich als reine Lebensschule. Nur in absoluten Notfällen können und dürfen die hier bezeichneten Übungen auch für die Selbstverteidigung eingesetzt werden.

Besonderen Wert hat der alte Weg für Personen von schwacher körperlicher Verfassung. Innerhalb weniger Jahre wird sich die Gesamtkonstitution erheblich verbessern. Eine normale Verdauung, geregelte Darmfunktionen und ein gesunder Schlaf sind äußere Anzeichen, daß der alte Weg seine innere Wirkung nach außen tut.

Diejenigen, die von vornherein von kräftiger Statur sind, werden noch unternehmungslustiger, lebhafter und tatkräftiger werden. Der Geist wird durch diesen Weg beschwingt und flexibel. Die Konzentration verstärkt sich erheblich.

Darüber hinaus beugt man durch regelmäßiges Üben allen möglichen körperlichen Schäden vor und baut einen starken und gesunden Körper auf.

In China sagt man von den Übenden des alten Weges, daß sie selbst im hohen Alter noch sehr jugendlich geblieben sind.

Wenn dieser Weg über lange Jahre geübt wird, werden automatisch
– Sehschärfe,
– Muskelkraft,
– Leichtigkeit,
– Geschmeidigkeit,
– stärkere Knochenkraft,
– ein besserer Blutumlauf,
– größere innere Stabilität,
– eine wesentlich bessere Standfestigkeit,
– eine höhere Schnelligkeit im gesamten Körper,
– sowie vor allem das physische und geistige Leben durch die Atemtechnik gefördert.

Der Trainingsablauf

Nachdem wir vor dem Training Ruhe gefunden und vom Tagesgeschehen abgeschaltet haben, beginnen wir zuerst mit Lockerungsübungen.

1. Wir hüpfen auf beiden Beinen.

Dann abwechselnd auf dem rechten und linken Bein.

Aus dem Stehen machen wir leichte Rumpfbeugen nach vorne und zur Seite und nach hinten, wobei wir versuchen, mit den Fingern den Boden zu berühren. Die Kniegelenke dabei möglichst durchdrücken.

Als letzte Vorwärmübung stehen wir aufrecht und strecken die Arme in die Höhe, wobei wir versuchen, immer höher zu greifen.

2. Danach beginnen wir mit den isometrischen Übungen, gefolgt von den Dehnübungen.

Nach der Gymnastik verschnaufen wir, bis Atem und Puls wieder normal gehen.

3. Danach sollte vorzugsweise eine fünfminütige Meditation mit beschriebener Atmung folgen.

Nun sind wir angewärmt, gelockert und konzentriert.

4. Wir beginnen mit dem Drachenweg.

Zu Beginn ist es unbedingt notwendig, daß man die einzelnen Stellungen gründlich, intensiv und vor allen Dingen langsam übt. Jede weitere Stellung wird trainiert, wenn die vorherige genau verstanden und vollzogen wurde, d.h. wenn Bewegung und Atmung vollkommen harmoniert sind.

5. Nachdem wir auch diese Übungsform sicher beherrschen, gehen wir nun zur eigentlichen Trainingsform über.

Die Gymnastik vorausgesetzt, beginnen wir mit dem Sonnengruß, dann stellen Drache und Tiger sich vor.

Der gesamte Übungsablauf inklusive des Sonnengrußes wird dreimal hintereinander trainiert, ohne zwischen den einzelnen Abläufen große Pausen zu machen.

Nach dem dritten Durchlauf schließen wir das Training, indem sich alle Teilnehmer in Kreisform setzen. Der Übungsleiter sollte im Norden sitzen und nach Süden schauen. Die Teilnehmer sitzen im offenen Lotussitz (Schneidersitz) wobei die Beine übereinander – nicht überkreuzt – liegen.

In der Kreismitte wird eine weiße Kerze aufgestellt. Nachdem alle Anwesenden zur Ruhe gekommen sind, liest der Übungsleiter eine Textstelle der geistigen Grundlagen (der Atmung, Bewegung etc.) vor. Über diese vorgelesenen Texte soll jeder Teilnehmer nachdenken und *zu Hause* in Ruhe meditieren, damit sich das Wissen im Schüler vertieft und sein Bewußtsein erweitert.

Der Drachenweg muß unbedingt harmonisch werden, d.h., Atmung, Konzentration und langsame Bewegung müssen einander so abgestimmt sein, daß es wie ein leichter Tanz aussieht.

Sind alle drei Teile durch gleichmäßiges und regelmäßiges Üben so gestärkt, wird aus der erwähnten Harmonie die Einheit, die nach Innen führt.

Gefahren beim Gruppentraining:

Gerade beim Gruppentraining muß besonderer Wert auf die Abstimmung von Atmung und Bewegung gelegt werden.

Für Trainer besteht die Gefahr, durch Gruppenarbeit den Überblick zu verlieren, so daß die einzelne Ausbildung der Gruppenmitglieder nicht gewährleistet ist, und somit die vorgenannte Harmonie-Abstimmung vernachlässigt wird.

Andererseits besteht für den Ausübenden die Gefahr, daß er durch Bewegungs- und Atemrhythmus seines Nachbarn „verführt" wird, sich dessen Übungsablaufes anzupassen, statt den eigenen Rhythmus und die eigene Bewegung, die jedem individuell gegeben ist, zu optimieren.

Grundsätzlich sollten keine Gruppen-Meditationen geübt werden, wenn die Lehrer nicht in der Lage sind, den einzelnen Schüler vor den Meditationsauswirkungen der Mitschüler zu schützen. (Siehe Abschnitt Meditation.)

Die Grundstellungen:

Ein sicherer Bewegungsablauf verlangt einen sicheren Stand!

Deshalb sind die folgenden Übungen regelmäßig und intensiv zu trainieren.

Stehen wir sicher und fest – so als wären wir mit dem Boden verwachsen – aber nicht verkrampfen! – können wir bei vollkommener Konzentration und richtiger Atmung die Chi-Kräfte fließen fühlen.

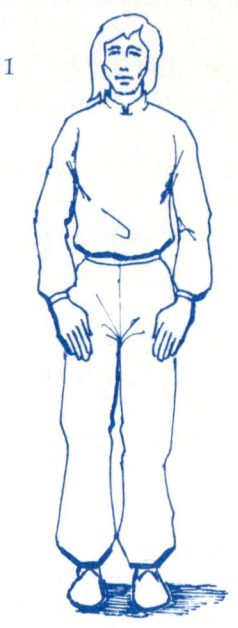

Abb. 1 – Die Ausgangsstellung

Wir blicken nach Süden. Die Beine stehen ca. 10 cm auseinander, die Füße parallel. Hüfte, Schulter und besonders der Brustkorb werden herausgestreckt, bis der Rücken möglichst gerade steht. Die Hände liegen locker an den Oberschenkeln, die Fingerspitzen sind gestreckt, die Finger berühren einander und zeigen zum Boden. Wir schauen mit den Augen konzentriert geradeaus auf einen imaginären Punkt. Ohne den Blickwinkel zu verändern, versuchen wir den Boden zu sehen.

Wir atmen zuerst ruhig aus, um die Lungen von aller unqualifizierten Energie zu leeren.

Dann atmen wir tief und ruhig ein und füllen den Körper mit bewußter, d.h. qualifizierter Atem-Energie.

2

Abb. 2 – Der hohe Reitersitz

Aus Abb. 1 setzen wir den rechten Fuß ca. 70 cm gerade nach Westen. Die Füße stehen parallel zueinander, Schien- und Wadenbein senkrecht im Fußgelenk.

Die Knie werden auf ca. 135 Grad eingeknickt. Das Körpergewicht wird nach hinten verlagert, so daß Hüfte, Oberkörper und Kopf senkrecht im Becken stehen. Die Augen schauen geradeaus auf einen imaginären Punkt. Wir versuchen mit konzentriertem Blick den Boden vor uns zu sehen, ohne den Blickwinkel zu verändern. Die Knie werden soweit eingeknickt und nach außen gedrückt, daß sie die großen Zehen verdecken. Die Arme halten wir waagerecht vor dem Körper. Die Handflächen liegen aufeinander.

Wir atmen 3 × ruhig ein und aus.

Abb. 3 – Der mittlere Reitersitz

Bei dieser Stellung nehmen wir die gleiche Haltung wie bei der vorherigen Pos. ein.

Die Knie werden hier tiefer, auf ca. 110 Grad, eingeknickt.

4

Abb. 4 – Der tiefe Reitersitz

Besteht aus der gleichen Haltung wie der hohe Reitersitz. Die Knie werden hier auf 90 Grad eingeknickt.

5

Abb. 5 – Der Fersensitz

Wir gehen in die Ausgangsstellung Abb. 1 zurück und ziehen den linken Fuß um eine Fußlänge gerade nach hinten, gleichzeitig verlegen wir auch das Körpergewicht auf das linke Bein und heben den vorderen Fuß so an, daß nur der Fuß-Ballen leicht den Boden *ohne Gewicht* berührt. Beide Knie müssen eingeknickt sein.

Das Rückgrat möglichst geradehalten und Hohlkreuz sowie Katzenbuckel vermeiden.

Bitte auch seitenverkehrt regelmäßig üben.

Abb. 6 – Der geduckte Reiterstand

Aus dem hohen Reitersitz – Abb. 2 – setzen wir das linke Bein ca. 60 cm gerade nach hinten. Schien- und Wadenbein des vorderen rechten Beines werden mindestens senkrecht im Fußgelenk gestellt und das Knie solange eingeknickt, bis der große Zeh verdeckt ist. Die linke Hüfte drehen wir zum Körper, bis sie zum vorderen Oberschenkel einen 90-Grad-Winkel bildet. Das hintere Bein wird durchgedrückt, die Zehen des hinteren Fußes zeigen im spitzen Winkel nach vorn.

Der Oberkörper wird aufrecht gehalten.

7

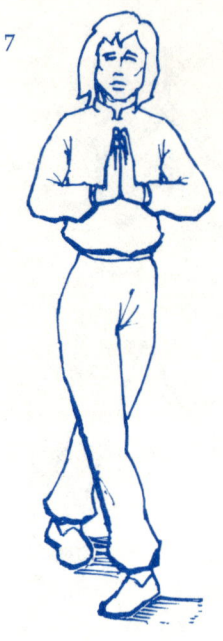

Abb. 7, a, b – 180-Grad-Wendung

Wir setzen nun das vordere rechte Bein ca. 30 cm *gerade* nach links und das linke Bein ca. 30 cm *gerade* nach rechts.

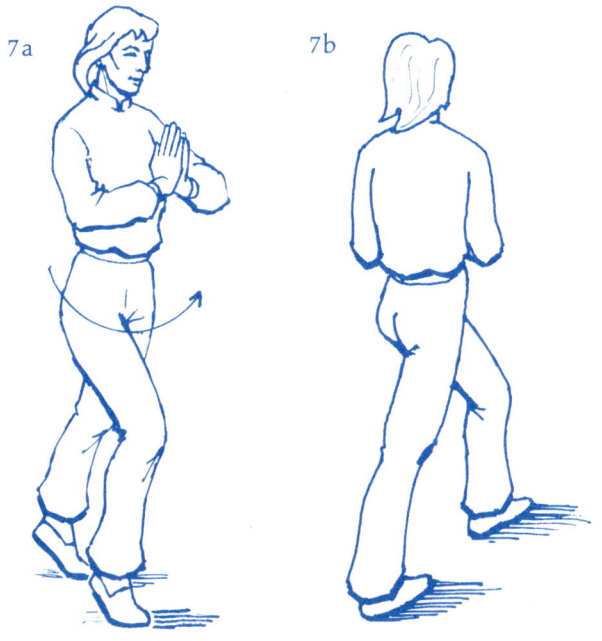

7a   7b

Wir heben den Körper auf beiden Ballen an. Nun drehen wir auf der Stelle die Hüfte nach links um 180 Grad, bis der ganze Körper in die entgegengesetzte Richtung zeigt.

Dann setzen wir den Körper auf beiden Fußsohlen ab und stehen wieder im geduckten Reiterstand – in entgegengesetzter Richtung.

Bitte auch seitenverkehrt regelmäßig üben.

Die Wendung bitte solange üben, bis sie ohne Stocken, d.h. fließend, vollzogen werden kann.

8

Abb. 8 – Der Fersensitz auf dem Hacken

Wir gehen in die Pos. des Fersensitzes. Beide Knie
werden wieder eingeknickt. Jetzt berührt aber nur der
Hacken des vorderen Fußes den Boden, der Schwer-
punkt liegt auf dem hinteren Bein. In dieser Stellung
bleiben wir stehen, bis der Körper zittert.
Bitte Hohlkreuz und Katzenbuckel vermeiden.
(Eine gute Stärkungsübung für den Körper)
Bitte auch seitenverkehrt regelmäßig üben!

9

Abb. 9 – Stehen auf einem Bein

Aus der Ausgangsstellung heben wir das rechte Bein gerade hoch, bis der Oberschenkel waagerecht zum Boden steht. Den rechten Fuß lassen wir locker schräg nach unten hängen.

Das Standbein knicken wir im Knie leicht ein, dadurch stehen wir sicherer.

Den linken Arm halten wir waagerecht vor der Brust, die Hand ist zur Klaue geöffnet und zeigt mit den Fingerspitzen nach unten. Der rechte Arm wird dicht über den Kopf gehalten, die Finger sind vollkommen gespreizt, die Handfläche zeigt nach vorn.

Diese Stellung halten wir, bis die Muskeln zittern.

Dann setzen wir ab, schütteln die Muskeln kurz aus und üben diese Position auch seitenverkehrt.

Gymnastik

Isometrische Übungen

Mit diesen Übungen werden die „inneren Muskeln" und das Nervensystem gestärkt.

Bitte jede Übung plötzlich anspannen und ca. 7 Sekunden in Spannung halten – dies wird erreicht, wenn man in Gedanken von 1 bis 7 zählt – danach schlagartig und plötzlich entspannen. Jede Übung soll 7 × hintereinander ausgeführt werden!

Grundsätzlich stehen wir bei diesen Übungen in leichter Grätsche. Bessere Ergebnisse werden erzielt, wenn wir diese Übungen in der Form des Reitersitzes trainieren.

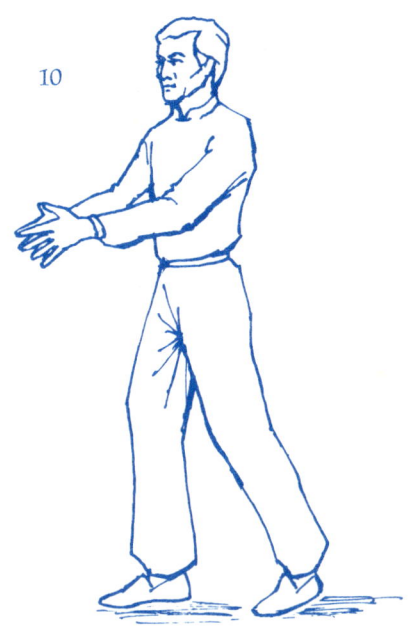

Abb. 10

Wir legen die gespreizten Fingerspitzen aufeinander, ohne daß die Handflächen sich berühren, knicken
die Arme ganz leicht in den Ellenbogen ein und halten
sie vor dem Körper.

Nun drücken wir die Fingerspitzen zusammen, ohne
daß die Handflächen sich näherkommen.

11

Abb. 11

Die gleiche Übung machen wir mit geschlossenen Fingern, hierbei berühren sich beide Handflächen vollkommen.

Abb. 12

Wir kreuzen die Handrücken und strecken die Arme, in den Ellenbogen leicht eingeknickt, vor den Körper. Nun drücken wir die Arme auseinander. 7 ×

Bitte auch seitenverkehrt üben.

Diese Übung ist auch mit durchgedrückten Ellenbogen empfehlenswert – aber Vorsicht!

Nicht durch zuviel Druck erzeugen. Es besteht somit die Gefahr des „Überspannens"!

13

Abb. 13

Wir führen die Hände auf dem Rücken zusammen. Die rechte Hand von oben nach unten und die linke von unten nach oben. Wir verhaken die Fingerspitzen und versuchen die Arme auseinander zu ziehen.

Bitte auch seitenverkehrt üben.

14

Abb. 14

Wir legen den linken Fuß in die rechte Armbeuge –
wahlweise kann das Standbein leicht eingeknickt werden, um eine größere Standfestigkeit zu erreichen.

Gleichzeitig drücken wir Armbeuge und Fußsohle
gegeneinander. Dabei wird der gesamte Körper angespannt.

Bitte auch seitenverkehrt üben.

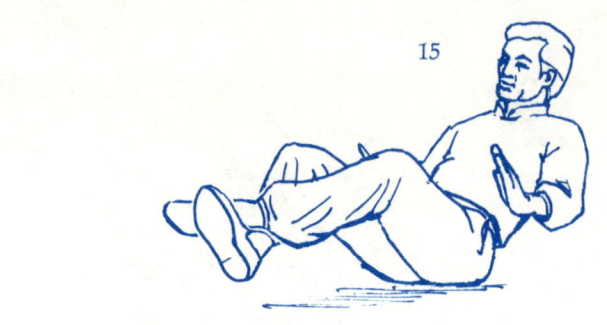

Abb. 15

Im Sitzen heben wir die Beine an und strecken sie aus. Die Knie werden angewinkelt. Die Fußrücken kreuzen sich, und wir versuchen, sie auseinander zu drükken.

Bitte auch abwechselnd üben.

Abb. 16

Wir sitzen, heben und winkeln beide Beine an.
Die Fußsohlen werden aufeinander gesetzt und gegeneinander gedrückt.

64

Gymnastik

Dehnübungen wärmen und dehnen die Muskeln und fördern die Beweglichkeit des Körpers.

Zum Anfang werden wir die Dehnübungen 7 × pro Seite ausführen.

Im Laufe der Zeit sollten die Übungen langsam auf 21 × gesteigert werden.

Abb. 17

Wir gehen in den hohen Reitersitz und strecken den linken Arm nach hinten und den rechten Arm nach vorn. Beide Arme werden in einer Linie waagerecht zum Boden gehalten.

18

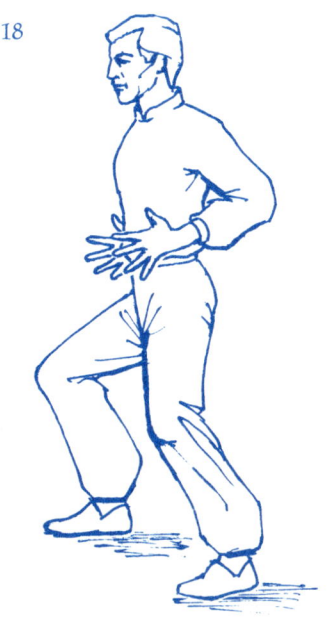

Abb. 18

Wir ziehen beide Arme an den Körper heran, und gehen gleichzeitig in den mittleren Reitersitz.

Abb. 19

Wir strecken den linken Arm nach vorn und den rechten Arm nach hinten, gleichzeitig gehen wir wieder in
den hohen Reitersitz.

20

Abb. 20

Wir stehen im hohen Reitersitz, heben den rechten Arm über den Kopf und winkeln die Hand im Gelenk ab. Den linken Arm strecken wir senkrecht nach unten und knicken das Handgelenk nach hinten ab.

Abb. 21

Wir führen bei Arme gleichzeitig zur Körpermitte, dabei gehen wir in den mittleren Reitersitz.

22

Abb. 22

Wir strecken nun den linken Arm über den Kopf und den rechten senkrecht nach unten.

Gleichzeitig gehen wir wieder in den hohen Reitersitz.

Abb. 23

Wir stehen im hohen Reitersitz und halten die Arme
seitwärts und waagerecht in Schulterhöhe.

24

Abb. 24

Wir kreuzen die Arme über dem Körper, dabei gehen wir in den mittleren Reitersitz.

Abb. 25

Von dort heben wir die Arme wieder in Schulterbrei-
te auseinander und gehen dabei in den hohen Reitersitz.

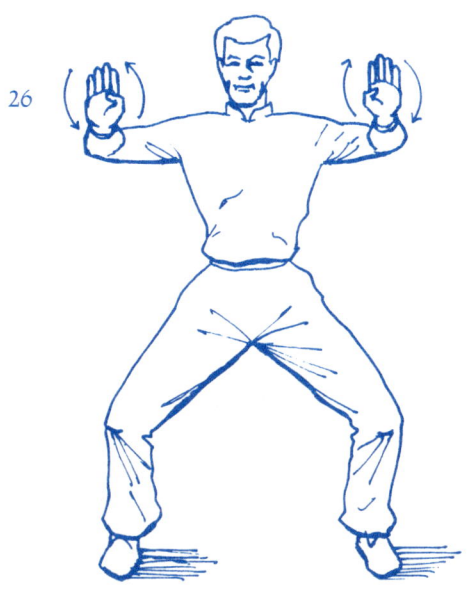

Abb. 26

Wir stehen im hohen Reitersitz, strecken die Arme
fast ganz aus und kreisen sie von außen nach innen in
kleinen Kreisen.

Die gleiche Übung üben wir auch von innen nach
außen.

27

Abb. 27

Wir stehen in der Grätsche, drücken die Knie durch und berühren je nach Gelenkigkeitsgrad mit den Fingerspitzen, den Mittelhandknochen, den Handballen oder den Handrücken den Boden.

Abb. 28/29

Wir stellen uns in den hohen Reitersitz – die Beine ca. einen Meter auseinander.

Aus dieser Übung verlagern wir das Körpergewicht nach rechts und drücken das linke Bein durch, das rechte Bein knicken wir dabei weit ein.

Ohne die Hüfthöhe in der Höhe zu verändern, schieben wir nun waagerecht zum Boden die Hüfte nach links, wobei wir das linke Bein während der Bewegung ebenfalls einknicken. Das rechte Bein wird in der Endstellung durchgedrückt.

Hohe Fortschritte werden bei dieser Übung in den tieferen Reitersitz-Stellungen erreicht.

30

Abb. 30

Wir gehen in den tiefen Reitersitz, knicken den Oberkörper möglichst waagerecht ab, ohne Hohlkreuz oder
Katzenbuckel, und strecken die Fingerspitzen der über-
kreuzten Hände zu den großen Zehen.

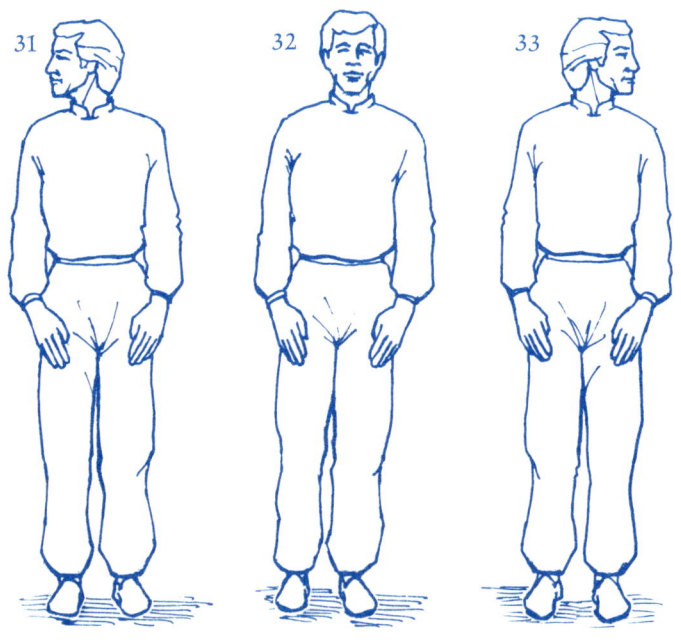

Abb. 31, 32, 33

Wir stehen aufrecht, halten den Kopf gerade auf der Schulter und drehen ihn nach rechts, zur Mitte, nach links und wieder zurück nach rechts.

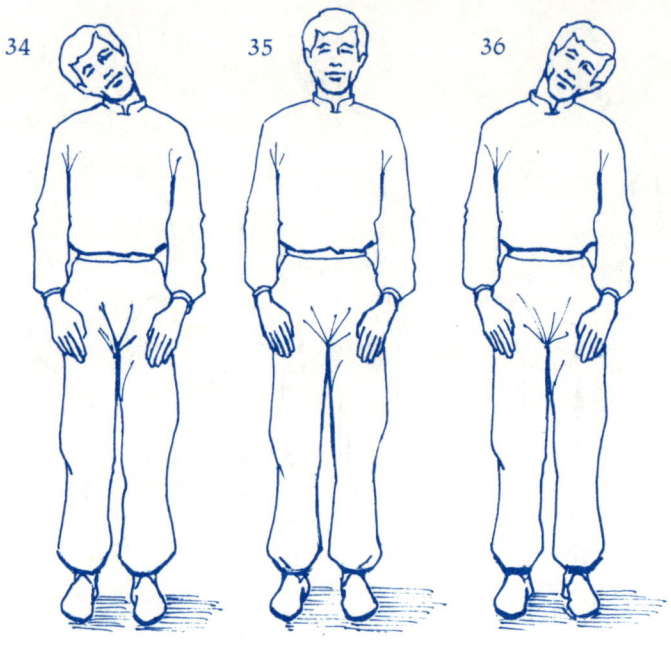

Abb. 34, 35, 36

Wir halten den Kopf gerade wie in Abb. 32, knicken ihn waagerecht nach rechts ab,
dann zur Mitte,
dann nach links.

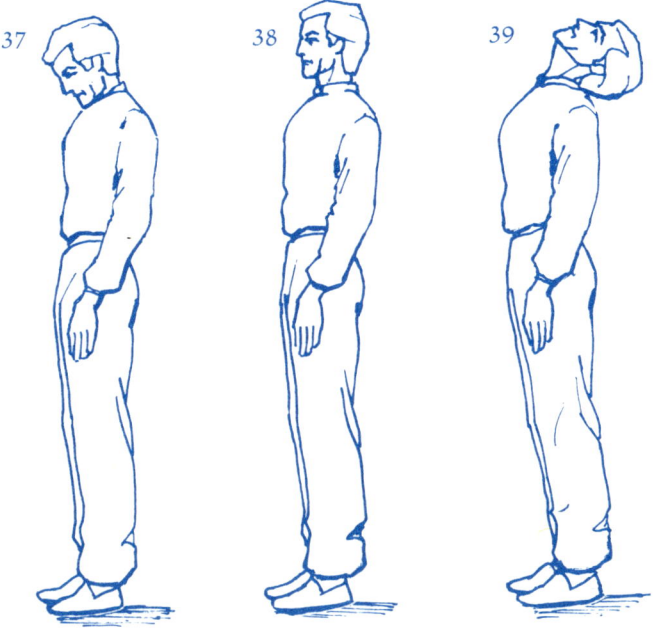

Abb. 37, 38, 39

Wir halten den Kopf gerade wie in Abb. 32, knicken nun den Kopf zur Brust, die wir mit dem Kinn berühren, und führen den Kopf gerade weit in den Nacken zurück.

Wir verbinden die letzten Übungen und senken den Kopf, bis das Kinn die Brust berührt. Von dort drehen wir den Kopf in weitem Kreise seitwärts nach links über die Schulter, in den Nacken zur rechten Schulter und von dort zur Brust zurück.

Die Übung bitte auch rechtsherum machen.

Entspannungsübung ohne Abb.

Wir legen uns gerade auf den Rücken und rollen den Kopf ganz langsam und locker hin und her.

Mit dieser Übung entspannen wir uns und beginnen danach mit dem Training.

39a

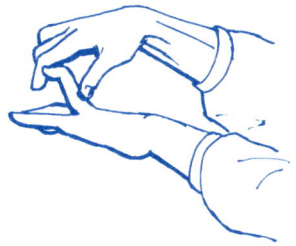

Abb. 39a – Nervenübung

Wir strecken die Hand aus und winkeln nacheinander die einzelnen Finger zum Handrücken soweit es geht hoch. Jeder einzelne Finger wird vollkommen durchgedrückt, die oberste Fingerspitze aber im rechten Winkel Richtung Handfläche abgeknickt.

Diese Übung ist sehr wichtig, um die Nerven zu stabilisieren.

// Rodelli "Hände Übg"!
Gomey ≈ S. 53

Die ausgewählten Übungen für jeden Tag

In den alten Überlieferungen wird gesagt, daß man den Drachenweg nur in der Einheit mit der Natur vollziehen kann.

Im Einklang mit der Natur zu sein, heißt, mit der Erde und dem Sonnensystem „Eins" zu werden. Aus diesem Grunde sind die Übungen nach der Sonne ausgerichtet, so daß sie nach den Himmelsrichtungen Norden, Süden, Osten und Westen ausgeführt werden.

Da die Kraft des Lebens aus der „wärmenden Himmelsrichtung" kommt, wendet man bei den Anfangs- und Atemübungen den Körper nach Süden.

Der Drachenweg kennt bei den ausgewählten Übungen vier Schwierigkeitsgrade, die an der Höhe des Reitersitzes „gemessen" werden.

Grad 1: Alle Übungen werden in gleicher Hüfthöhe wie der hohe Reitersitz ausgeführt im 135-Grad-Winkel der Schien-Waden-Beine zum Oberschenkel.

Grad 2: Alle Übungen werden im mittleren Reitersitz ausgeführt im 110-Grad-Winkel der Schien-Waden-Beine zum Oberschenkel.

Grad 3: Alle Übungen werden im tiefen Reitersitz ausgeführt im 90-Grad-Winkel der Schien-Waden-Beine zum Oberschenkel.

Grad 4: Alle Übungen werden von der Hüft-Höhe her unterschiedlich zwischen dem 135-Grad- und 90-Grad-Winkel ausgeübt, so daß ein harmonischer Tanz zwischen Hoch und Tief und in höchster Stufe zwischen Langsam und Zügig mit fließendem Ablauf entsteht.

Dieser Grad sollte nur geübt werden, wenn die vorhergehenden drei Grade wirklich perfekt beherrscht werden und man einen Lehrer dafür findet.

In der höchsten Form des 4. Grades werden die einzelnen Figuren aller Tierstile beliebig kombiniert. Diese

Form wird „der freie Stil" genannt. Innerhalb dieser Kombinationsformen finden sich alle Elemente der heutigen Kampfkünste wieder und bieten somit eine Vielzahl der anspruchvollsten Bewegungsformen, die selbst von Meistern selten vollkommen beherrscht werden.

Gerade Anfänger und ältere Personen sollten beim Grad 1 beginnen.

Nur wenn der gesamte Drachenweg, also Bewegung, Atmung und Meditation vollkommen beherrscht wird, gehen wir zum nächsten Schwierigkeitsgrad über. Zum Anfang wird jede Übung immer nur 1 × ausgeführt.

Mit wachsender Kraft wird dann – wie angegeben – die Übung 3 × hintereinander vollzogen.

Sämtliche Übungen des Drachenweges sind in diesem Buch im 1. Grad abgebildet.

Die richtige Atmung im Drachenweg

Von der Ausgangsstellung aus gesehen, wird ein Bein entweder gerade nach vorn, zur Seite bzw. nach hinten gesetzt.

In diesen Fällen handelt es sich um ein „Wegbewegen" von der Körpermitte
– hierbei atmen wir grundsätzlich aus.

Ziehen wir ein hinteres Bein nach vorn, ein vorderes nach hinten, oder seitwärts heran – z.B. aus dem geduckten Reiterstand zur Königsmitte –, so wird, bis wir die Mittelstellung erreicht haben, eingeatmet und damit Energie aufgenommen, da wir an den Körper „herangehen".

Wird ein Bein von der Mitte her weitergeführt, atmen wir wieder aus, da wir vom Körper „weggehen".

Hierbei wird die zuvor eingeatmete Energie abgegeben.

Der Sonnengruß

ist eine meditative Atemübung, die Atem-Energie in und durch den gesamten Körper leitet.

Die Übung muß vollkommen konzentriert, entspannt und gleichmäßig atmend ausgeführt werden (siehe hierzu den Übungsablauf auf den nächsten Seiten).

Abb. 40 – Ausgangsstellung

Wir blicken nach Süden. Die Beine stehen ca. 10 cm auseinander, die Füße parallel. Hüfte, Schulter, Brustkorb und der gesamte Körper werden herausgestreckt. Die Arme liegen locker an den Oberschenkeln, die Fingerspitzen zeigen zum Boden. Der Kopf wird gerade gehalten, die Augen schauen geradeaus auf einen imaginären Punkt und versuchen dabei den Fußboden zu sehen, ohne daß wir den Blick senken.

Wir atmen nun langsam ruhig aus.

Abb. 40a – Der hohe Reitersitz

Während wir langsam und bewußt einatmen, gehen wir mit dem linken Bein ca. 70 cm nach Osten. Die Füße stehen parallel, Hüfte, Schulter und Oberkörper sowie Kopf werden gerade gehalten. Wir stehen im hohen Reitersitz.

Gleichzeitig mit der Beinbewegung ziehen wir beide Arme zum Sonnengeflecht hoch und legen die Handflächen aufeinander, so daß die Finger zum Himmel zeigen. Die Unterarme halten wir waagerecht zum Fußboden, die Augen schauen geradeaus.

40b

Abb. 40b

Während wir nun langsam und ohne Druck ausatmen,
führen wir die geschlossenen Hände ruhig über den
Kopf, drücken die Ellenbogen aber nicht ganz durch.

40c

Abb. 40c

Während wir langsam einatmen,
drehen wir die Handflächen nach außen und führen
die Arme langsam im großen Halbkreis – ohne die
Ellbogen durchzudrücken – seitwärts bis zur Brusthöhe. Sind beide Arme in Brusthöhe,
beginnen wir mit dem Ausatmen
und führen ohne Unterbrechung die Arme weiter nach
unten.

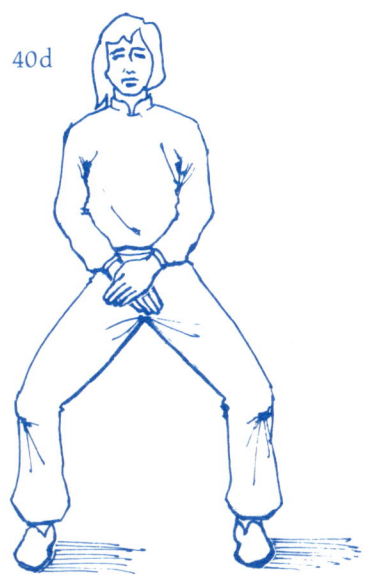

Abb. 40d

In der Endstellung kreuzen sich beide Hände vor den Geschlechtsteilen, berühren aber nicht den Körper. Die linke Hand, die vom Herzen kommt, und das Geistige symbolisiert, liegt über der rechten. Die Mittel-Finger-Knochen beider Hände liegen aufeinander.

Wir haben vollkommen ausgeatmet.

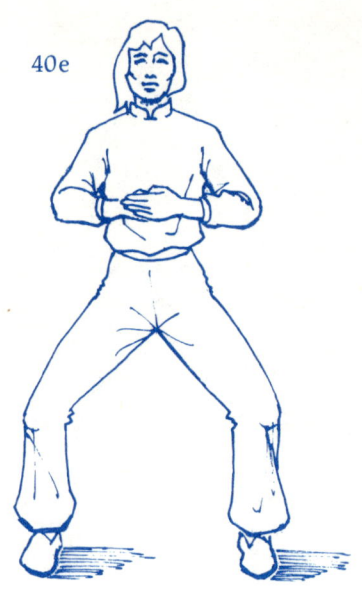

40e

Abb. 40e, f, g

Während wir fließend einatmen,
drehen wir die Hände im Handgelenk, bis die Handflächen wieder aufeinanderliegen und die Fingerspitzen
nach oben zeigen und führen sie dabei vor das Sonnengeflecht.

Beim drittenmal beenden wir die Übung, wenn die
Hände vor dem Sonnengefllecht sind. Abb. 40g

Dabei haben wir eingeatmet.

(Die Abbildungen 40f u. 40g finden Sie auf der
nächsten Seite)

40f

40g

Der Sportgruß

41

Abb. 41

Während wir weiter einatmen,
ziehen wir das linke Bein und beide Arme wieder in die
Ausgangsstellung zurück.

41a

Abb. 41a – Drache und Tiger stellen sich vor

Während wir jetzt ausatmen,
schieben wir den rechten Fuß ca. 30 cm gerade nach
vorn, so daß nur der Ballen den Boden leicht berührt.
Die Ferse ist angehoben. Das linke Bein wird leicht im
Kniegelenk eingeknickt. Gleichzeitig heben wir aus der
Hüfte beide Hände 30 cm vor die Brust. Die rechte
Hand stellt eine Faust dar, die gerade im Handgelenk
steht, die linke Hand wird als eine offene, leicht ange-
spannte Klaue, die symbolisch die Faust umschließt,
gehalten.
Mit dieser Figur wird gezeigt,
daß der Geist – symbolisiert durch die linke Hand –
das Materielle – die physische Welt, symbolisiert durch
die rechte Hand – durchdringt, umhüllt und beherrscht.

95

Der Drachen-Stil

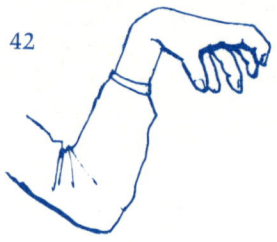

42

Abb. 42 – Handtechnik der Drachenklaue

43

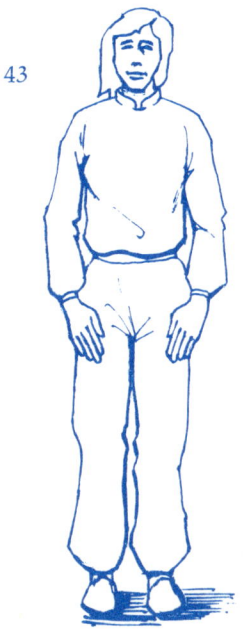

Abb. 43

Während wir einatmen,
ziehen wir den vorderen Fuß und beide Arme gleichzeitig gerade zurück in die Ausgangsstellung.

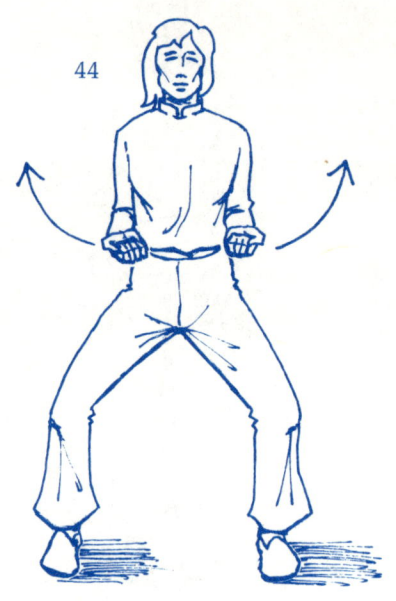

Abb. 44 – Der Drache verbirgt sich

Während wir ausatmen, wird der rechte Fuß parallel ca. 70 cm nach Westen in den hohen Reitersitz geführt. Die Füße stehen parallel, Hüfte, Schulter, Brustkorb, Körper sowie Kopf werden nach hinten gerade gehalten. Hohlkreuz und Katzenbuckel vermeiden. Bitte darauf achten, daß Schien- und Wadenbein gerade in den Fußgelenken stehen. Die Hände bilden leichte Fäuste und liegen an den Hüften. Die Faustrücken zeigen zum Boden. Beide Knie sind eingeknickt.

Wir atmen ruhig und konzentriert ein.

44a

Abb. 44a, b, c – Der Drache hebt die geschlossenen
Klauen

Während wir langsam durch den Mund ausatmen,
heben wir beide Fäuste gleichzeitig im leichten Außenbogen langsam in Schläfenhöhe. Die Fäuste stehen
gerade in den Gelenken und werden während des
Hebens nach innen gedreht, so daß in der Endposition
beide Zeigefingerknochen in eigener Schläfenhöhe
stehen – ca. 50 cm vom Kopf entfernt –. Die Handrücken zeigen nach oben.

Wir atmen langsam ein
und senken die Arme im Außenbogen langsam wieder
zur Hüfte zurück.

Die Handrücken zeigen wieder zum Boden.

Insgesamt 3 ×.

44b

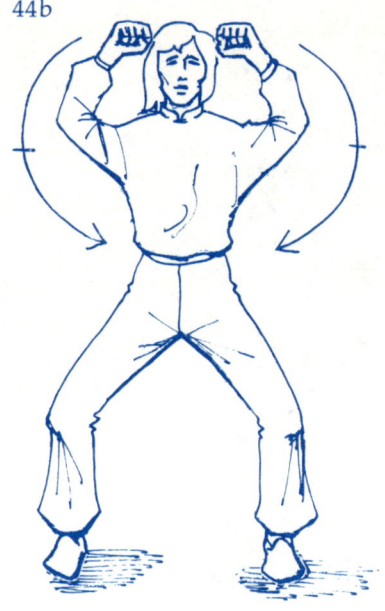

44c

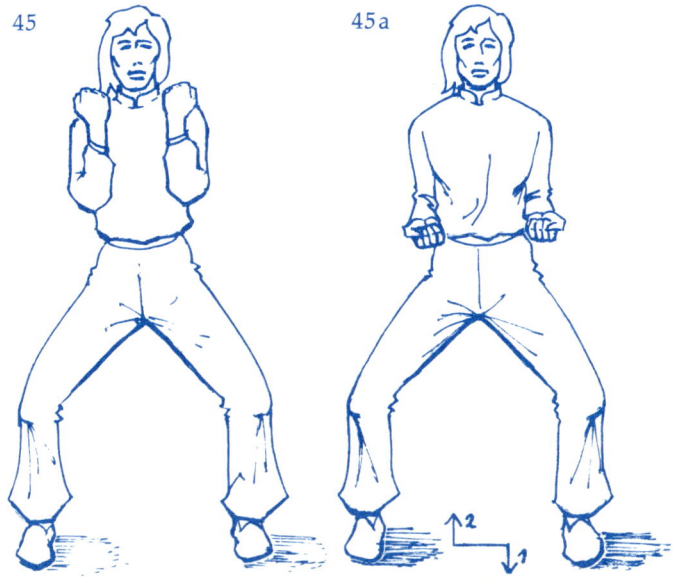

Abb. 45 – der Drache trägt Sonne und Mond

Während wir langsam ausatmen, heben wir aus der Hüfte heraus beide Fäuste gleichzeitig im Bogen in ca. 30 cm Abstand vor das Kinn. Die Fäuste stehen gerade in den Gelenken und werden nicht gedreht.

Abb. 45 a

Während wir langsam einatmen, senken wir die Fäuste gleichzeitig langsam im Bogen zurück zur Hüfte. Insgesamt 3 ×.

Abb. 46 – Halbe Wendung

Während wir einatmen,
setzen wir aus dem hohen Reitersitz den linken Fuß ca.
30 cm gerade nach vorn, Richtung Süden. Den rechten
Fuß setzen wir ca. 30 cm gerade nach hinten, Richtung
Norden.

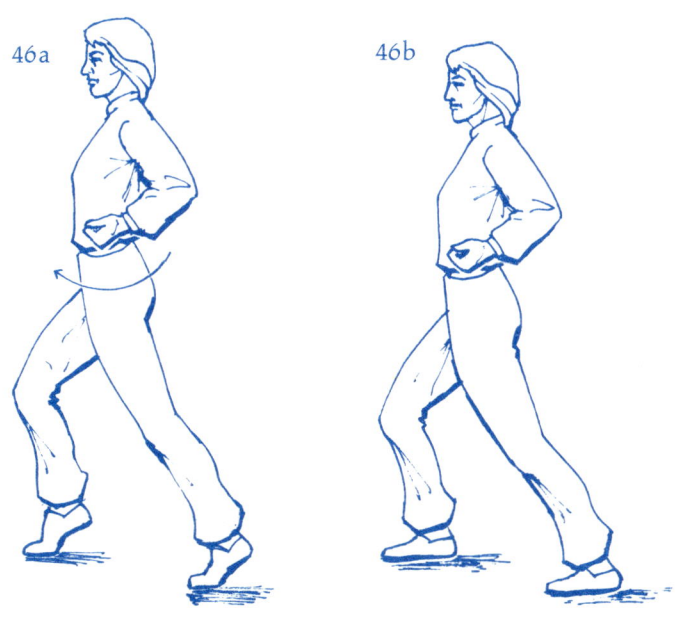

46a 46b

Abb. 46a

Der Körper wird angehoben – wir stehen auf beiden
Fußballen – und drehen nun den gesamten Körper
nach rechts mit einer 90-Grad-Drehung.

Abb. 46b

Dann setzen wir den Körper auf den Fußsohlen ab
und stehen im geduckten Reiterstand.
– Blickrichtung Westen.
Während der Drehung beginnen wir mit dem Ausatmen.

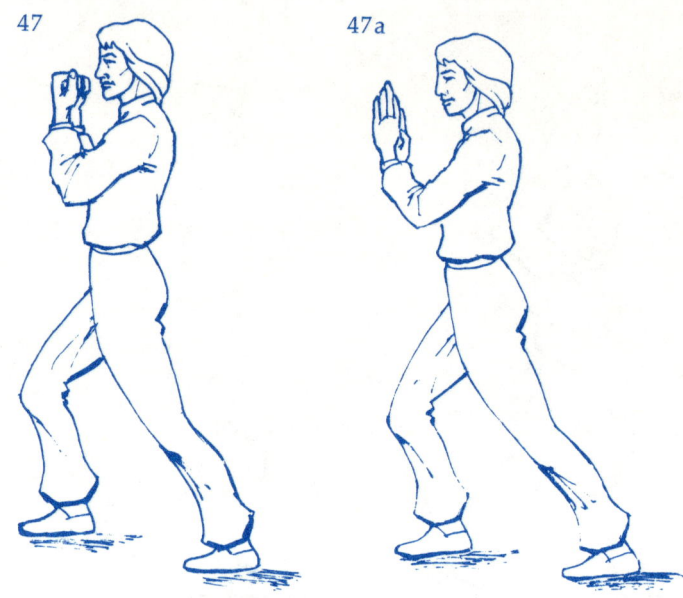

Abb. 47 – Der Drache geht auf See

Während wir langsam weiter ausatmen,
heben wir langsam und gerade beide Fäuste kurz vor
den Körper in ca. 20 cm Abstand in Nasenhöhe.
Die Handflächen zeigen zum Körper.

Abb. 47a

Während wir weiter langsam ausatmen,
drehen wir langsam in den Ellenbogen die Unterarme
von innen nach außen. Dabei öffnen wir langsam die
Fäuste. Gleichzeitig schieben wir die Arme gerade nach
vorn, die wir in der Endposition in den Ellenbogen nicht
ganz durchdrücken.
In der Endstellung zeigen die Handballen ganz nach
vorn und die Fingerspitzen zum Himmel.
Wir haben vollkommen ausgeatmet.

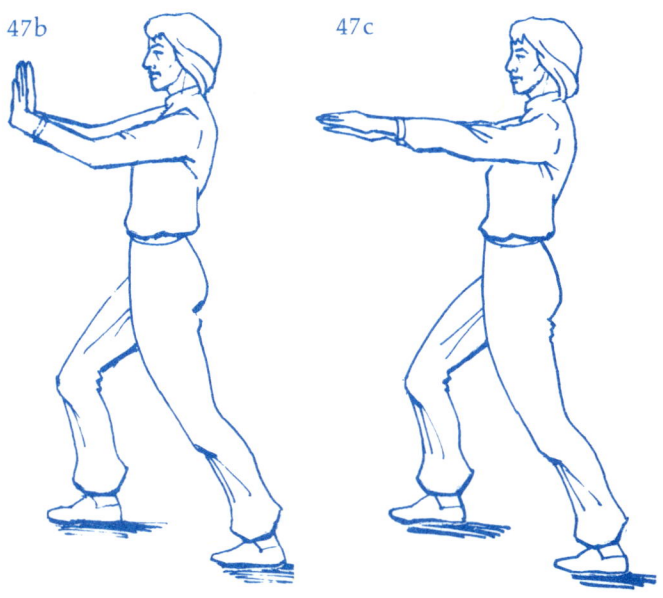

47b   47c

Abb. 47b

Während wir einatmen,
drehen und ziehen wir gleichzeitig beide Ellenbogen
mit den Unterarmen gerade zu den Schlüsselbeinen
zurück, wie in Abb. 47 und wiederholen die Arm-
technik 3 ×.

Abb. 47c

Nach dem dritten Mal werden aus der Position Abb.
47b die Fingerspitzen synchron nach vorn gestreckt.
·Dabei atmen wir das letzte „Quentchen" Luft vollkommen durch den Mund aus. – *Nicht verspannen!*

Abb. 48, a, b, c

Während wir einatmen, ziehen wir gleichzeitig die Hände zurück zur Brust siehe Abb. 47 und senken sie gerade zu den Hüften (Abb. 46b). Nun setzen wir das rechte Bein ca. 60 cm gerade nach Süden, das linke ca. 60 cm gerade nach Norden, heben den Körper auf beiden Fußballen an (Abb. 48a), drehen ihn nach Osten und setzen im geduckten Reiterstand (Abb. 48b) – Blickrichtung Osten – ab.

Während der Drehung atmen wir langsam aus.

48b

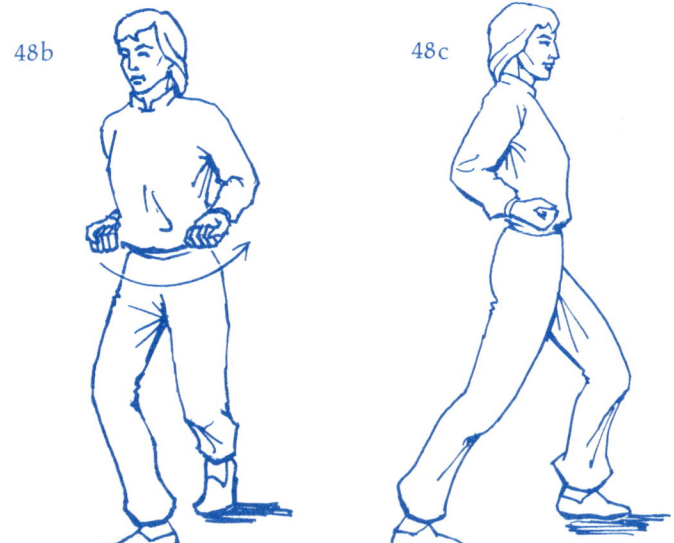

48c

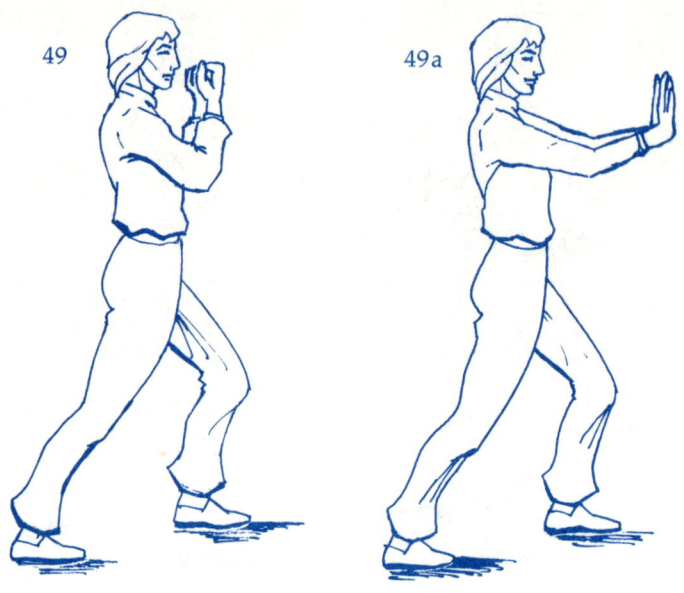

Abb. 49, a, b – Der Drache geht auf See
(seitenverkehrt)

Während wir weiter ausatmen,
heben wir beide Fäuste in Nasenhöhe und wiederholen
die Position „Der Drache geht auf See" seitenverkehrt.
3 ×.

49b

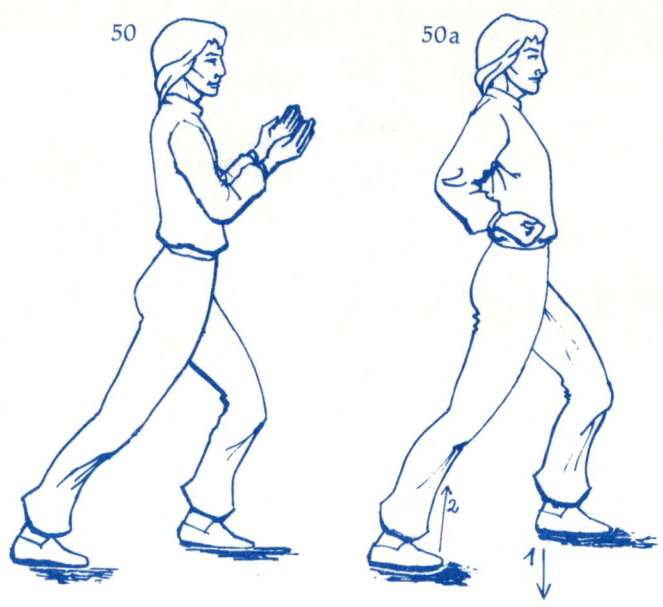

Abb. 50 – Der Drache sucht die Perlen

Während wir einatmen, ziehen wir die Fäuste bis zur Schulterhöhe

Abb. 50a

und von dort gerade zur Hüfte zurück

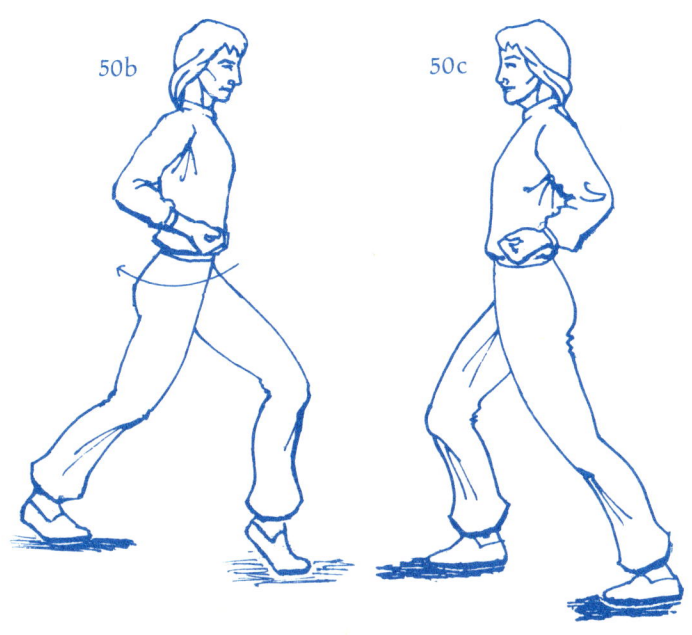

50b

50c

Abb. 50b

und wenden auf den Fußballen, indem wir den linken Fuß ca. 30 cm nach Süden, den rechten ca. 60 cm nach Norden setzen. Wir drehen uns nach rechts.

Dabei atmen wir ruhig aus.

Abb. 50c

Wir blicken nach Nord-Westen und stehen im geduckten Reiterstand.

50 d

Abb. 50 d

Während wir weiter ausatmen,
heben wir gleichzeitig beide Arme. Den rechten nicht
ganz durchgestreckt gerade bis zur Augenhöhe. Die
Drachenklaue wird leicht gespreizt und ausgestreckt.

Die linke Hand halten wir in der Höhe des Sonnengeflechtes, der Unterarm steht fast waagerecht vor dem
Körper, die Hand steht möglichst nach oben im Handgelenk abgewinkelt und zeigt die Drachenklaue.

Der Oberkörper wird gerade aufrecht gehalten.
Hohlkreuz und Katzenbuckel bitte vermeiden!

50e

Abb. 50e

Während wir einatmen,
ziehen wir beide Hände gleichzeitig gerade zur Körpermitte.

50f

Abb. 50f

Sind beide Arme in gleicher Höhe,
beginnen wir mit dem Ausatmen.

Die linke Hand – die vom Körper weggeht – übernimmt die Führung, gleichzeitig geht der rechte Arm in
Höhe des Sonnengeflechtes.

50g

Abb. 50g

Während wir einatmen,
führen wir beide Hände wieder zur Körpermitte.

51

Abb. 51 – Der Drache sucht die Chakren

　　Während wir ausatmen,
schieben wir gleichzeitig beide Arme nach vorn, wobei
die rechte offene Hand mit den Fingerspitzen in Augenhöhe, die linke Hand mit dem Handballen in Höhe des
Solar-Plexus, geht und die Finger zum Boden zeigen.

Abb. 52 – Halbkreis-Wendung

Während wir langsam einatmen,
strecken wir beide Arme synchron und fast ausgestreckt vor den Körper.

Abb. 52 a

Während wir nun langsam mit dem Ausatmen beginnen, führen wir gleichzeitig das vordere rechte Bein und den ganzen Oberkörper im großen Bogen nach Süden.

Abb. 52 b

Während wir weiter langsam ausatmen,
setzen wir den rechten Fuß ca. 30 cm weiter nach Süd-Ost ab. Wir knicken beide Knie ein, und achten darauf, daß die Oberschenkel sich nicht berühren!
Der linke Fußballen berührt den Boden.
Wir blicken nach Süden.

53

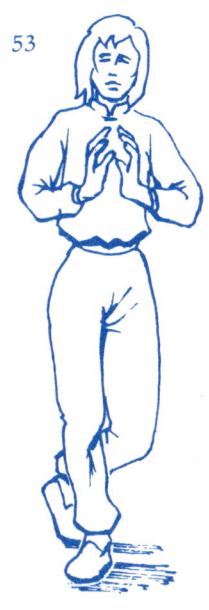

Abb. 53

   Während wir einatmen,
ziehen wir gleichzeitig beide Arme gerade zum Sonnengeflecht. Den gesamten Oberkörper halten wir in
der Hüfte gerade und aufrecht. Das Körpergewicht liegt
auf dem vorderen Bein.

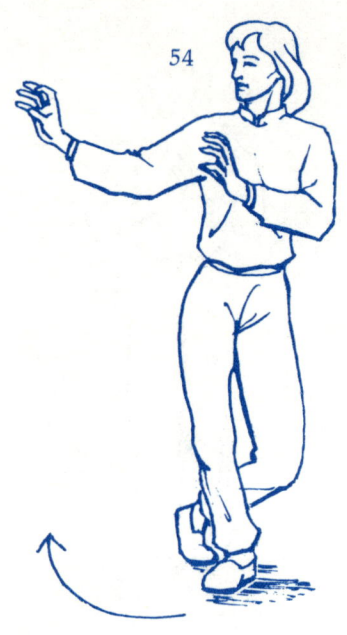

Abb. 54 – Der Drache entblößt seine Klauen

Während wir langsam ausatmen,
schieben wir gleichzeitig die Arme von der Brust direkt
seitwärts nach Westen. Der rechte Arm ist fast ausgestreckt und zeigt die Drachenklaue.

Der linke Arm steht in Höhe der rechten Achsel,
zeigt ebenfalls die Drachenklaue, die nach oben abgewinkelt ist.

Wir blicken nach Westen.

In der Endstellung haben wir ganz ausgeatmet.

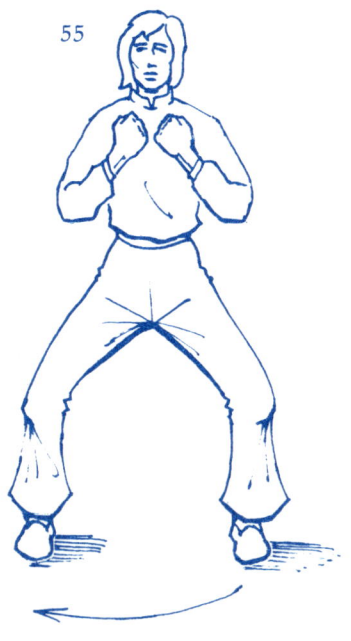

55

Abb. 55

Während wir einatmen,
verlegen wir nun das Körpergewicht auf das hintere linke Bein. Das rechte Bein führen wir im großen Bogen
nach Westen in den hohen Reitersitz.
Gleichzeitig ziehen wir beide Fäuste vor die Brust.
Wir blicken nach Süden.

Abb. 56 – Der Drache entblößt seine Klauen
(seitenverkehrt)

Während wir ausatmen,
wird der linke Fuß im großen Bogen nach Süden und
ca. 30 cm weiter nach Süd-Westen geführt und dort
abgesetzt.

Wir blicken nach Osten.

Gleichzeitig schieben wir den linken Arm seitwärts
nach Osten. Der rechte Arm steht an der linken Achsel.

Die Hände zeigen die Drachenklauen.

Insgesamt jede Seite 3 × abwechselnd.

57

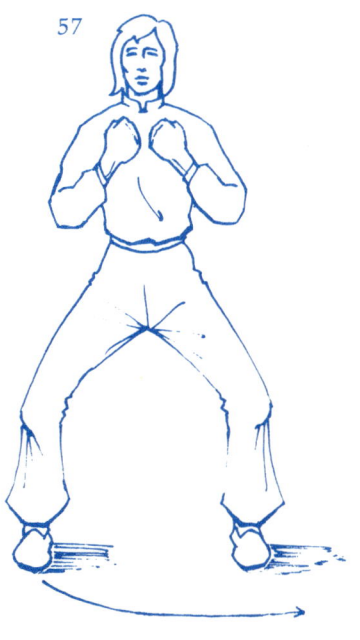

Abb. 57

Während wir einatmen,
führen wir das linke Bein im Bogen zurück in den hohen Reitersitz. Gleichzeitig ziehen wir beide Fäuste vor
die Brust.
Blickrichtung ist Süden.

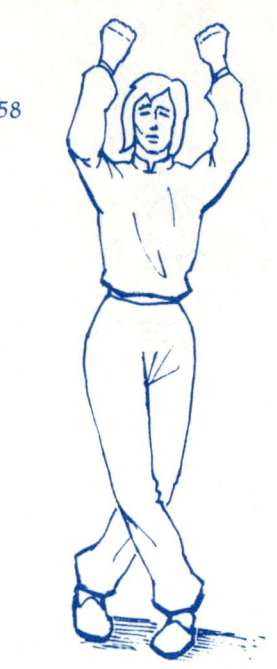

58

Abb. 58 – Der Drache dreht sich zum Schwanz

Während wir weiter einatmen,
führen wir das rechte Bein wieder im großen Bogen
über den Boden nach Süden, und setzen es ca. 30 cm
weiter nach Süd-Ost ab. Das Körpergewicht liegt vollkommen auf dem rechten Bein, beide Beine sind eingeknickt. Der Oberkörper wird gerade gehalten und beide Arme heben wir über den Kopf. Die Ellenbogen werden nicht ganz durchgedrückt.
Die Handrücken zeigen nach vorn.

124

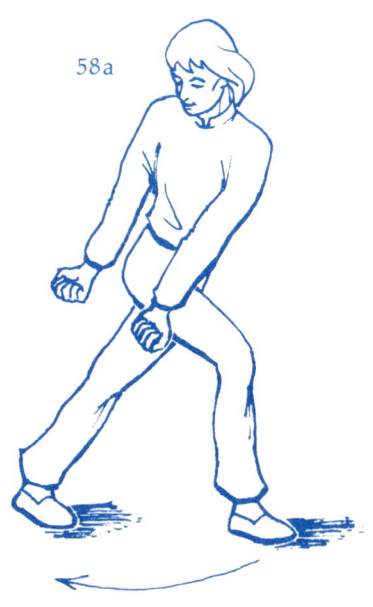

58a

Abb. 58a

Während wir ausatmen,
senken wir die Arme und knicken gleichzeitig den
Oberkörper nach vorn ab, wobei wir ihn nach rechts
drehen und beide Arme zum linken Bein führen.

In der Endstellung stehen beide Arme parallel zum
hinteren Bein.

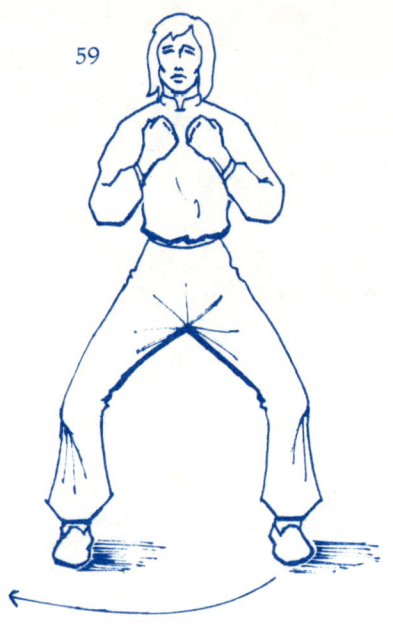

Abb. 59

Während wir einatmen,
richten wir den Oberkörper auf und heben die Arme
vor die Brust.

Gleichzeitig führen wir das rechte Bein im großen
Bogen zurück in den hohen Reitersitz.

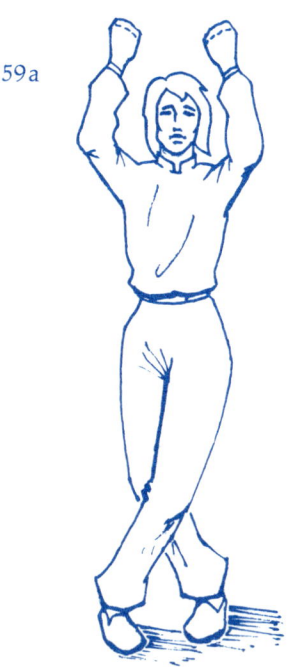

59a

Abb. 59a – Der Drache dreht sich zum Schwanz
(seitenverkehrt)

Während wir einatmen,
führen wir das linke Bein im großen Bogen nach Süden
und setzen es ca. 30 cm weiter nach Süd-West ab. Das
Körpergewicht liegt auf dem linken Bein. Beide Beine
sind eingeknickt. Der Oberkörper wird gerade gehalten und beide Arme halten wir über den Kopf. Die
Ellenbogen werden nicht ganz durchgedrückt.
Die Handrücken zeigen nach vorn.

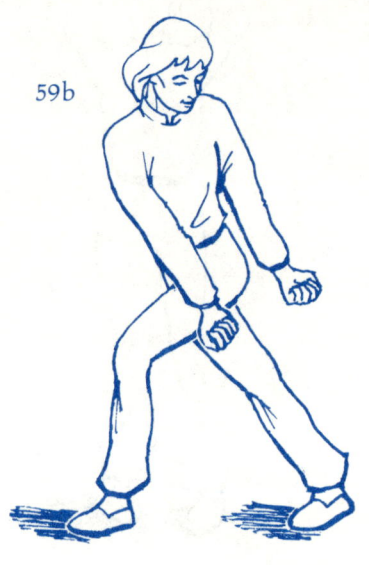

59b

Abb. 59b

Während wir ausatmen,
senken wir gleichzeitig den Oberkörper nach vorn ab
und drehen ihn nach links. In der Endstellung stehen
beide Arme parallel zum hinteren Bein.

Der Tiger-Stil

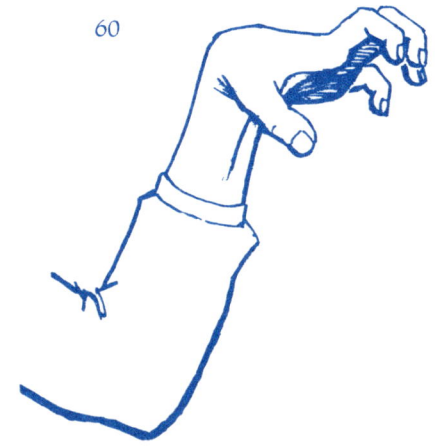

60

Abb. 60 – Handtechnik der Tiger-Kralle

Abb. 61 – Der Tiger tritt aus einer Höhle

Während wir einatmen,
richten wir den Oberkörper auf.

Wir atmen aus,
und führen das rechte Bein gerade – ca. 70 cm nach Westen.

Gleichzeitig wird auch der Oberkörper dabei nach Westen gedreht und so weit nach vorn gebeugt, bis er mit dem linken durchgedrückten Bein eine gerade Linie – den geduckten Reiterstand – bildet.

Der linke Arm wird über dem Kopf leicht schräg gehalten; die Handfläche der Tiger-Kralle zeigt nach vorn. Die rechte Tiger-Kralle wird seitwärts in Kniehöhe angewinkelt. Der Unterarm steht parallel zum vorderen Oberschenkel. Die Handfläche zeigt zum Boden.

Wir haben vollkommen ausgeatmet.

Abb. 62 – Der Tiger wetzt die Krallen

Während wir einatmen, führen wir den linken Fuß gerade nach vorn bis zum rechten Bein.

Wir beginnen nun mit dem Ausatmen, und führen den linken Fuß weiter gerade, ca. 70 cm, nach vorn in den geduckten Reiterstand, dabei winkeln wir den Oberkörper ab, bis er eine gerade Linie mit dem hinteren durchgedrückten Bein bildet.

Der linke Arm wird waagerecht vor dem Körper in Höhe des Sonnengeflechtes gesenkt. Die Krallen-Hand winkeln wir im Gelenk weit ab.

Die rechte Krallen-Hand wird vor den Oberkörper gehoben und hochgewinkelt. Sie steht parallel zum Oberkörper.

Der rechte Ellenbogen berührt leicht das linke Handgelenk.

Wir blicken nach Westen und haben vollkommen ausgeatmet.

63

Abb. 63 – Der Tiger streckt die Krallen

Während wir einatmen, führen wir das hintere rechte Bein gerade zum linken Bein.

Während wir nun ausatmen,
führen wir das rechte Bein ca. 40 cm vor das linke Bein und knicken beide Kniegelenke ein.

Dabei legen wir das Gewicht auf das linke Bein.

Das rechte Bein berührt nur mit dem Fußballen leicht den Boden.

Gleichzeitig wird der Oberkörper weit im Becken – möglichst waagerecht zum Boden – nach vorn abge-knickt. Der linke Arm wird zur eigenen Kopfhöhe vor-geschoben. Der rechte Arm wird parallel zum Ober-schenkel in Kniehöhe gehalten. Beide Hände sind zu kleinen Krallen geöffnet. Wir blicken nach Westen, und haben vollkommen ausgeatmet.

64

Abb. 64 – Der Tiger steigt vom Berg

Während wir einatmen, führen wir nun das rechte
Bein im großen Bogen nach rechts über Norden nach
Süd-Ost.

Wir setzen das rechte Bein ab und beginnen langsam
mit dem Ausatmen.

Gleichzeitig verlagern wir das Körpergewicht mit
Rechtsdrehung auf der Stelle nach Osten in den ge-
duckten Reiterstand und drücken das linke Bein in der
Endstellung durch.

Während wir weiter ausatmen,
wird der Oberkörper so stark gestreckt, daß er mit dem
linken Bein eine gerade Linie bildet. Die linke Hüfte
wird dabei weit nach rechts eingedreht. Der linke Arm
wird auf 45 Grad im Ellenbogen eingeknickt und die
Hand nach vorn in Kopfhöhe gehalten und hochgewinkelt. Der rechte Arm liegt fast waagerecht ca. 25 cm
vor dem Körper, die Hand steht unterhalb des linken
Ellenbogens, die Handfläche zeigt nach außen.
– Blickrichtung Osten.

Wir haben vollkommen ausgeatmet.

Abb. 65 – Der Tiger tritt aus der Höhle
(seitenverkehrt)

Während wir einatmen,
führen wir das linke Bein gerade in Höhe des rechten
Beines.
Wir atmen aus,
und führen das linke Bein weiter vor in den geduckten
Reiterstand. Der Oberkörper bildet eine Gerade mit
dem hinteren Bein. Der rechte Arm wird leicht schräg
über den Kopf gehalten. Die Handfläche zeigt nach
vorn. Der linke Arm wird seitwärts in Kniehöhe angewinkelt. Die Handfläche zeigt zum Boden.
Wir blicken nach Osten.

Abb. 66 – Der Tiger wetzt die Krallen
(seitenverkehrt)

Während wir einatmen,
führen wir das rechte Bein in Höhe des linken Beines.
Wir beginnen mit dem Ausatmen,
und führen das rechte Bein weiter nach vorn in den geduckten Reiterstand.
Der Oberkörper bildet eine gerade Linie zum hinteren Bein.
Die linke abgewinkelte Hand halten wir in Kopfhöhe, parallel zum Körper. Der rechte Unterarm wird waagerecht zum Oberkörper gehalten. Die Hand winkeln wir weit nach unten ab.
Wir blicken nach Osten.

Abb. 67/67 a – 180-Grad-Wendung

Während wir einatmen,
führen wir das rechte Bein gerade ca. 60 cm in Richtung
Norden, das linke ca. 60 cm nach Süden und wenden
auf den Fußballen mit Linksdrehung um 180 Grad über
Norden in den geduckten Reiterstand. Der Oberkörper
ist aufgerichtet. Die Handflächen liegen an den Hüften
und zeigen zu Boden. Sie sind zur Tigerkralle geformt.
Während der Drehung – ab Norden –
atmen wir langsam aus.
Wir blicken nach Westen.

67a

68

Abb. 68 – Der Tiger streckt die Krallen
(seitenverkehrt)

Während wir einatmen,
führen wir das vordere linke Bein auf ca. 40 cm an das
hintere Bein, das wir einknicken, heran, und knicken,
während wir ausatmen,
den Oberkörper waagerecht zum Boden ab. Das Körpergewicht liegt auf dem rechten Bein. Der rechte Arm
ist vorgestreckt, der linke Arm liegt dicht am linken
Oberschenkel.
Wir haben ausgeatmet.
Wir verharren kurz in dieser Stellung und
atmen ohne Verkrampfung konzentriert ein.

69

Abb. 69 – Der Tiger steigt vom Berg
(seitenverkehrt)

Während wir ausatmen,
führen wir das rechte Bein weiter gerade vor, bis der geduckte Reiterstand erreicht ist.

Der Oberkörper bildet eine Gerade zum hinteren linken Bein. Der linke Arm wird in Kopfhöhe gehoben. Der rechte Arm wird fast waagerecht vor den Körper gehalten, die Hand nach außen gedreht.

Der Körper zeigt nach Westen.

Wir blicken nach Süd-Westen
und haben ausgeatmet.

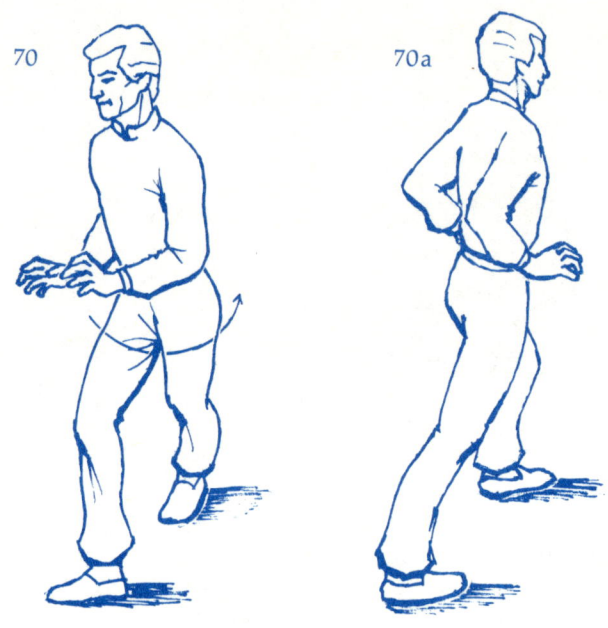

Abb. 70 – 180-Grad-Wendung

Während wir einatmen,
führen wir das rechte Bein gerade ca. 60 cm in Richtung
Süden, das linke ca. 60 cm nach Norden und wenden
auf den Fußballen,
    während wir ausatmen,
mit Linksdrehung um 180 Grad in den geduckten Reiterstand.

Abb. 70a

Während der Drehung ziehen wir die Hände zu den
Hüften. Die Handflächen zeigen zum Boden, der Oberkörper ist aufgerichtet.
    Wir blicken in Richtung Osten.

71

Abb. 71 – Der Tiger hebt die Krallen

Während wir einatmen,
heben wir die Hände gleichzeitig in Augenhöhe. Die
Handflächen werden nach oben abgewinkelt.

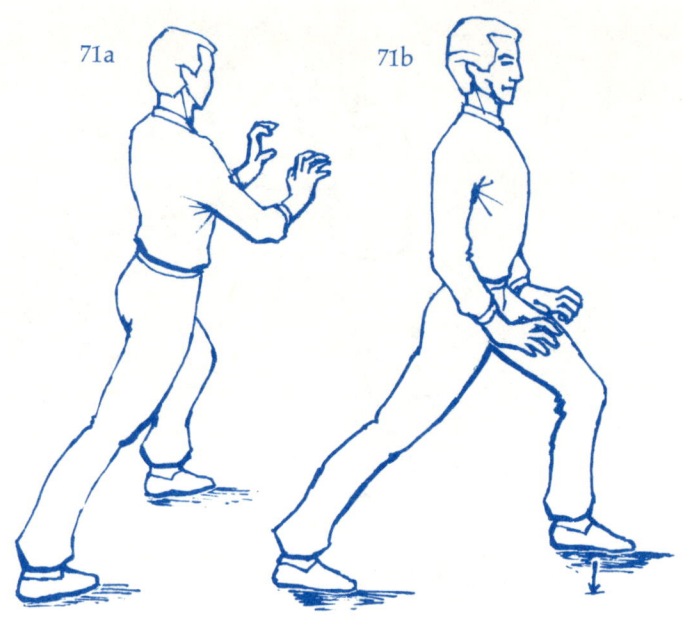

Abb. 71a, b

Wir beginnen mit dem Ausatmen
und senken die Hände langsam zur Hüfte.
Wir blicken nach Osten.
Während wir langsam einatmen,
heben wir beide Arme wieder gleichzeitig in Köpfhöhe
und wiederholen diese Übung insgesamt 3 ×.

142

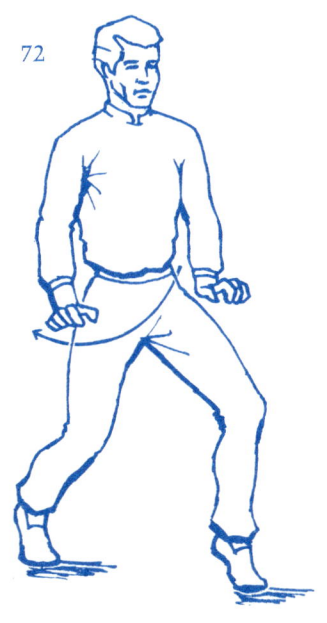

Abb. 72 – 90-Grad-Wendung

Während wir einatmen,
führen wir das linke Bein gerade in Richtung Süden, bis
es mit dem rechten Bein auf einer Linie steht.
Dann heben wir den Körper auf beide Fußballen und
führen eine Rechtsdrehung aus, bis wir nach Süden sehen und setzen im hohen Reitersitz ab.

72a

Abb. 72a

Die Hände liegen an den Hüften, die Handflächen
zeigen zum Boden.

73

Abb. 73 – Der Tiger versteckt sich

Während wir ausatmen,
knicken wir den Oberkörper weit nach rechts ab
Richtung Westen.
Gleichzeitig werden beide Hände in Schulterhöhe
gehalten und im Handgelenk nach oben abgewinkelt.

73a

Abb. 73a

Während wir einatmen,
richten wir den Körper wieder aufrecht in den hohen
Reitersitz, gleichzeitig ziehen wir die Hände zu den
Hüften zurück – die Handflächen zeigen zum Boden.

73b

Abb. 73b – Der Tiger versteckt sich
(seitenverkehrt)

Während wir ausatmen,
knicken wir den Oberkörper weit nach links ab.
Richtung Osten.

Insgesamt jede Seite 3 × abwechselnd.

Die Übung „Der Tiger versteckt sich" kann man wesentlich verstärken, wenn man bei der Position Abb.
73 a in den tiefen Reitersitz geht.

Der Schlangen-Stil

74

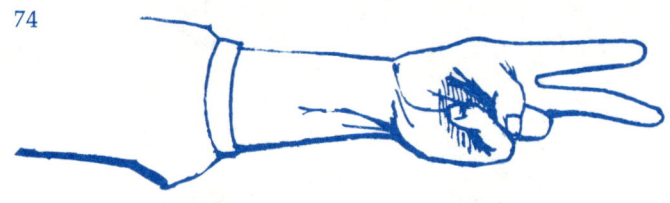

Abb. 74 – Bild der Schlangenhand-Technik

75

Abb. 75 – Die Schlange steht senkrecht

Während wir einatmen,
gehen wir in die Mittelstellung des hohen Reitersitzes
und ziehen beide Arme gerade mit gestreckten Händen
zu den Hüften. Die Handrücken zeigen zum Boden, die
Fingerspitzen nach vorn.
Wir blicken nach Süden.

76

Abb. 76

Während wir langsam ausatmen,
heben wir die geöffneten Hände senkrecht ca. 15 cm vor
den Körper in Höhe der eigenen Schläfe. Die Handflächen werden dabei nach innen gedreht. Die gestreckten
Finger jeder Hand berühren einander.
Während wir einatmen,
senken wir die Hände gerade zur Hüfte zurück, wie in
Abb. 75. Insgesamt 3 ×.
Nach dem dritten Mal in der Position 76
atmen wir ruhig und tief ein.

77

Abb. 77 – Die Schlange geht vor

Während wir jetzt ausatmen,
führen wir den rechten Fuß gerade nach vorn in den geduckten Reiterstand, das linke Bein wird dabei durchgedrückt.

Gleichzeitig heben wir den linken Arm nach vorn in
Kinnhöhe. Die Hand wird nach oben abgewinkelt, die
Finger zeigen zum Himmel, der Handballen steht vor.

Der rechte Arm wird im Ellenbogen leicht eingeknickt und in Hüfthöhe gehalten, die Handfläche zeigt
zum Boden, die Finger nach vorn.

Wir blicken nach Süden.

78

Abb. 78 – Die Schlange bietet die Mitte dar

Während wir einatmen,
ziehen wir das rechte Bein gerade an das linke Bein heran und drücken das rechte Knie durch. Gleichzeitig
wird das linke Bein leicht eingeknickt, so daß wir auf
dem Fußballen stehen. Die ausgestreckte linke Hand
wird dabei an den Körper auf ca. 30 cm herangezogen.
Die rechte Hand bleibt an der Hüfte.

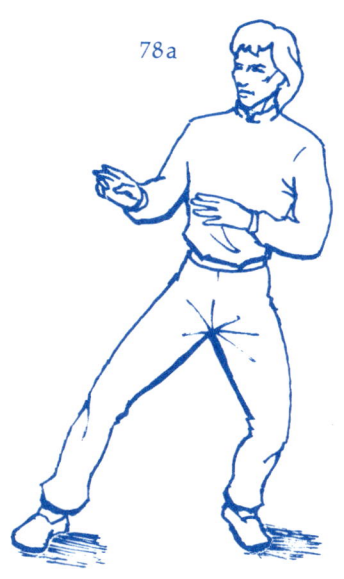

78a

Abb. 78a

Während wir ausatmen,
führen wir das linke Bein schräg – etwa schulterbreit –
leicht eingeknickt nach Nord-Ost.

Das rechte Bein knicken wir ebenfalls leicht ein. Das
Körpergewicht liegt auf dem linken Bein.

Die gestreckten Hände halten wir fast waagerecht in
Höhe des Solarplexus vor dem Körper. Die Ellenbogen winkeln wir an.

78b

Abb. 78b

Während wir weiter ausatmen,
wird der Oberkörper nach hinten, Richtung Nord-Ost,
abgewinkelt, bis er mit dem rechten vorderen Bein, das
wir jetzt durchdrücken, eine Linie bildet.
Das linke Bein wird dabei weit eingeknickt.
Der rechte Arm wird parallel zum rechten Bein, der
linke Arm an die linke Schulter gehalten und der Ellenbogen in Höhe der Ohren gehoben. Zeige- und Mittelfinger beider Hände bilden die Schlangenhand.
Wir blicken nach Süd-West und
haben vollkommen ausgeatmet.

154

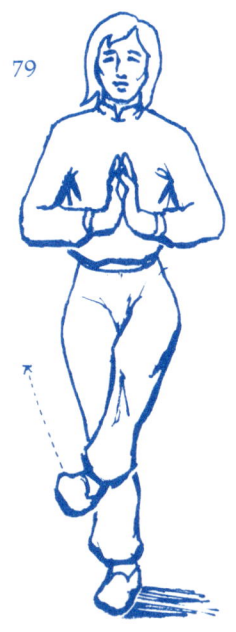

79

Abb. 79 – Die Schlange richtet sich auf

Während wir einatmen,
führen wir das linke Bein gerade nach vorn und heben
es gleichzeitig mit dem Oberkörper Richtung Süden
an, bis wir gerade auf dem rechten Bein stehen. Das linke Schien- und Wadenbein wir dabei möglichst waagerecht angehoben.

Die Handflächen werden aufeinander gelegt, die Fingerspitzen zeigen zum Himmel, die Unterarme werden
waagerecht zum Boden gehalten.

Wir blicken nach Süden,
bleiben einen Moment stehen,
und atmen langsam ruhig aus
und langsam ein.

80

Abb. 80

Während wir ausatmen,
setzen wir den linken, erhobenen Fuß wieder in die Stellung „Die Schlange bietet die Mitte dar" nach hinten
wie in – Abb. 78b – ab.

81

Abb. 81 – Die Schlange züngelt

Wir stehen nun auf beiden Fußballen und drehen das Becken und den Oberkörper nach links, bis er mit dem rechten Bein eine Linie bildet – den geduckten Reiterstand. Wir setzen den Körper auf den Fußballen ab.

Blickrichtung Nord-Ost.

Den linken Arm winkeln wir im Ellenbogen an und heben ihn gerade in Augenhöhe. Zeige- und Mittelfinger sind gespreizt, die restlichen Finger werden geschlossen. Der Handrücken zeigt nach vorn.

Den rechten Arm halten wir in die Nähe des Sonnengeflechtes. Der Handrücken zeigt zum Boden, der Unterarm wird waagerecht gehalten. Zeige- und Mittelfinger werden möglichst senkrecht zum Handrücken abgewinkelt. Der Hand-Rücken bildet eine Linie zum Unterarm. Wir blicken nach Nord-Ost und haben vollkommen ausgeatmet.

81a

Abb. 81a – Armwechsel

Während wir einatmen,
ziehen wir beide Hände gleichzeitig in Brusthöhe
heran.

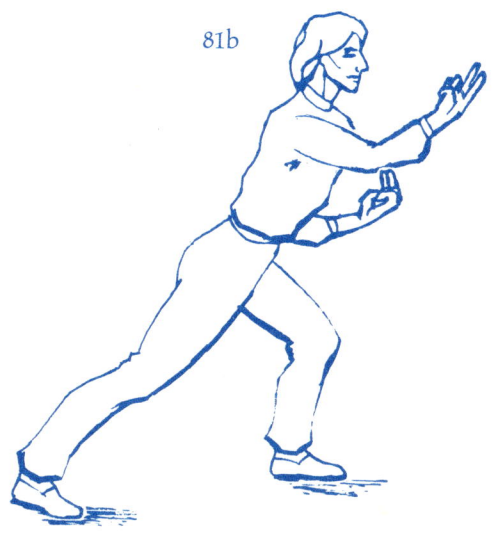

81b

Abb. 81b

Während wir nun ausatmen,
geht die von unten kommende Hand in Kopfhöhe, die
von oben kommende Hand waagerecht vor den Solarplexus.

81c

Abb. 81c

Während wir einatmen,
ziehen wir beide Hände wieder in Brusthöhe heran.

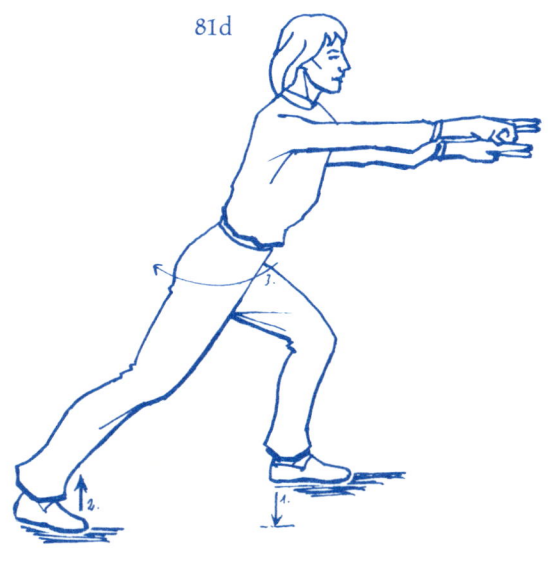

Abb. 81d

Wir atmen aus,
und führen dabei beide Hände gleichzeitig aus der
Brusthöhe fast gerade ausgestreckt vor den Körper.
Beide Hände drehen wir dabei von Innen nach Außen,
bis die Handballen zum Boden zeigen. Zeige- und Mittelfinger beider Hände stehen in der Endstellung gerade
ausgestreckt. Die restlichen Finger sind geschlossen.

82

Abb. 82 – Die Schlange schwimmt über den Fluß

Während wir einatmen,
wenden wir uns nach Westen in den geduckten Reiterstand,
indem wir den linken Fuß in ca. 60 cm nach Süden, bis zur
Höhe des rechtes Beines und den rechten Fuß um ca. 30 cm
nach Norden führen und uns auf der Stelle – auf beiden Fußballen – nach rechts drehen. Das rechte Bein ist vorn.

Der Oberkörper wird weit abgewinkelt, und bildet mit
dem hinteren linken Bein eine Linie. Die linke Hüfte steht im
90-Grad-Winkel zum rechten Oberschenkel.

Wir beginnen mit dem Ausatmen,
dabei wird der rechte Arm in Augenhöhe gehoben und
ganz gestreckt. Zeige- und Mittelfinger sind gespreizt und
stehen übereinander. Die restlichen Finger sind geschlossen.

Der linke Arm wird nach hinten gestreckt und bildet eine
Gerade mit dem vorderen Arm. Zeige- und Mittelfinger sind
gespreizt und stehen übereinander. Die restlichen Finger
sind geschlossen.

83

Abb. 83 – Die Schlange geht vor
(seitenverkehrt)

Während wir einatmen,
führen wir das linke Bein an das vordere heran.
Während wir ausatmen,
führen wir das Bein weiter nach vorn in den geduckten
Reiterstand.
Blickrichtung Westen.
Der rechte Arm wird im Halbkreis nach hinten und
von dort gerade nach vorn in Kinnhöhe geführt. Der
Handballen steht vor, die linke Hand wird gleichzeitig
zur Hüfte geführt. Die Handfläche zeigt zum Boden.

84

Abb. 84 – Die Schlange bietet die Mitte dar
(seitenverkehrt)

    Während wir einatmen,
führen wir das linke Bein gerade an das rechte heran
und drücken das linke Knie durch. Gleichzeitig wird
das rechte Bein leicht eingeknickt. Der Fußballen berührt den Boden.

84a

Abb. 84a

    Während wir ausatmen,
wird das rechte Bein schräg – etwa schulterbreit – nach
Nord-Ost abgesetzt. Der Oberkörper bildet wieder
eine Linie mit dem vorderen linken Bein. Der linke Arm
wird parallel zum linken Bein gehalten, der rechte Ellenbogen ist angewinkelt und steht in Höhe des Ohres.
Wir blicken nach Süd-West.
Die Hände zeigen die Schlangenhand.

85

Abb. 85 – Die Schlange richtet sich auf
(seitenverkehrt)

Während wir einatmen,
schieben wir den Oberkörper und das rechte Bein – das
wir anheben – nach vorn,
Richtung Westen,
und stehen aufrecht auf dem linken Bein. Die Unterarme halten wir parallel zum Boden, die Fingerspitzen
zeigen zum Himmel.
Wir atmen langsam und ruhig aus und langsam ein.

86

Abb. 86 – Die Schlange züngelt
(seitenverkehrt)

Während wir ausatmen,
führen wir den rechten erhobenen Fuß nach hinten in
die Position „Die Schlange bietet die Mitte dar" – Abb.
84 a.

87

Abb. 87

Dann drehen wir das Becken und den Oberkörper auf der Stelle nach rechts in den geduckten Reiterstand.

Wir blicken nach Nord-Osten.

Der rechte Arm wird in Kopfhöhe gehoben. Die Finger bilden die Schlangenhand-Technik.

Den linken Arm und die Hand halten wir waagerecht vor das Sonnengeflecht. Zeige- und Mittelfinger werden weit hochgewinkelt. Die Hand selbst bildet eine Linie mit dem Unterarm.

Der Handrücken zeigt zum Boden.

87a

Abb. 87a – Armwechsel

Während wir einatmen,
ziehen wir beide Hände gleichzeitig zur Brust heran.

87b

Abb. 87b

Während wir nun ausatmen,
führen wir die vom Körper kommende Hand in Kopfhöhe, die von oben kommende Hand waagerecht vor
den Solarplexus.

87c

Abb. 87c

Während wir einatmen,
führen wir beide Hände zur Brust.

87 d

Abb. 87 d

  Wir atmen aus,
und führen dabei beide Hände gleichzeitig aus der
Brusthöhe fast gerade ausgestreckt vor den Körper, beide Hände drehen wir dabei von innen nach außen, bis
die Handballen zum Boden zeigen. Zeige- und Mittelfinger beider Hände stehen in der Endstellung gerade
ausgestreckt. Die restlichen Finger bleiben geschlossen.

88

Abb. 88 – Die Schlange schwimmt über den Fluß
(seitenverkehrt)

Während wir einatmen,
wenden wir, indem wir den rechten Fuß bis ca. 60 cm
nach Norden und den linken Fuß im großen Bogen
über Süden nach Süd-Osten setzen. Wir drehen uns
nun auf den Fußballen in den geduckten Reiterstand.
Das linke Bein ist vorn.
  Blickrichtung Süd-Osten.
  Während wir ausatmen,
heben wir den linken Arm nach vorn, den rechten nach
hinten. Beide Arme bilden eine Gerade. Zeige- und Mittelfinger beider Hände stehen gespreizt übereinander.
Die restlichen Finger sind zur Faust geschlossen.
  Blickrichtung Süd-Osten.

173

Abb. 89 – Die Schlange rollt sich

Während wir einatmen,
führen wir das rechte Bein gerade an das linke heran,
und halten den Oberkörper wie in der letzten Position
leicht abgeknickt. Wir stehen dabei im hohen Reitersitz.

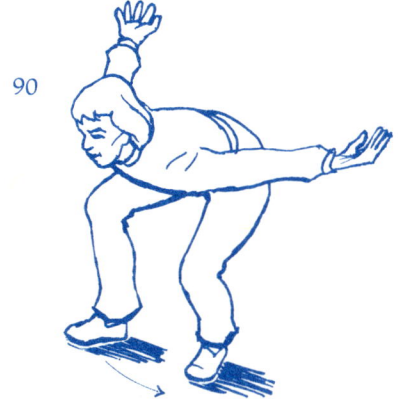

Abb. 90

Während wir ausatmen, gehen wir auf beide Fußballen und drehen den Körper auf der Stelle nach Süden.

Gleichzeitig knicken wir beide Knie und den Oberkörper ganz weit im Becken – möglichst waagerecht zum Boden – ein. Das rechte Bein trägt das gesamte Gewicht. Der linke Fußballen stützt lediglich den Körper ab. Die Beine dürfen sich nicht berühren.

Der Kopf wird hochgehoben und der Rücken möglichst gerade gestreckt.

Hohlkreuz und Katzenbuckel vermeiden!

Die Arme werden dabei seitwärts schräg nach hinten über den Körper gehalten. Die Hände werden angewinkelt

Blickrichtung Süden.

Wir haben vollkommen ausgeatmet.

175

Abb. 91 – Die Schlange ringelt sich

Während wir einatmen,
führen wir aus der letzten Position den rechten Fuß ca.
30 cm weiter nach Osten und setzen ihn vor dem linken
Bein ab.

Während wir ausatmen,
verschränken wir die Arme parallel vor dem Körper.
Der rechte Arm zeigt zum Körper.
Wir blicken nach Süden
und haben ganz ausgeatmet.

Der Leoparden-Stil

92

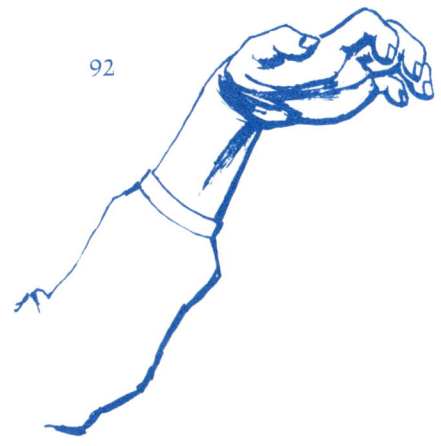

Abb. 92 – Die Leoparden-Kralle

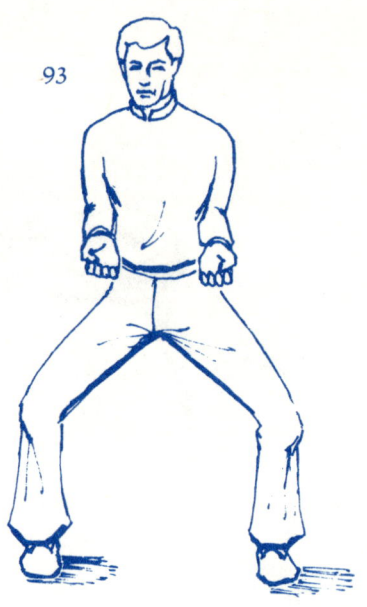

93

Abb. 93 – Der Leopard hebt und senkt die Krallen

Während wir einatmen,
führen wir den rechten Fuß im großen Bogen über Süden nach Westen – bis er parallel zum linken Bein steht – in den hohen Reitersitz.

Gleichzeitig ziehen wir beide Hände an die Hüften heran und richten den Oberkörper auf. Beide Hände werden als Leopardenkralle leicht eingedreht. Die Handflächen zeigen nach oben und sind leicht zum Körper gedreht.

Blickrichtung Süden.

93 a

Abb. 93 a

Während wir langsam ausatmen,
heben wir langsam und gleichzeitig beide Arme parallel in ca. 20 cm Abstand vor den Körper, bis die Hand-
Ballen in Kopfhöhe stehen. Während des Hebens zeigen die offenen Handflächen mit den gekrümmten Fingern nach innen.
In der Endstellung haben wir ausgeatmet.

93b

Abb. 93b

Während wir sehr langsam und ruhig einatmen,
senken wir – dem Atemrhythmus angepaßt – beide
Arme gleichzeitig gerade nach unten,

93 c

Abb. 93 c

bis beide Hände die Oberschenkel leicht berühren.

Insgesamt 3 ×.

Bei dieser Übung achten wir besonders auf eine langsame, ruhige, konzentrierte und tiefe Atmung.

181

94

Abb. 94 – Der Leopard verbirgt seine Krallen

Während wir einatmen,
führen wir das linke Bein im großen Rückwärtsbogen
über Norden nach Süd-West. Wir setzen das Bein im
geduckten Reiterstand ab,
und drehen den Oberkörper ein – Blickrichtung
Westen. Die rechte Hüfte wird im 90-Grad-Winkel
zum linken Oberschenkel eingedreht.
Beim Eindrehen in den geduckten Reiterstand beginnen wir mit dem Ausatmen, und verschränken dabei
beide Arme waagerecht vor dem Hals. Dabei liegt der
rechte Arm waagerecht über dem linken. Beide Handflächen zeigen nach vorn.
Blickrichtung Westen.

95

Abb. 95 – Der Leopard zeigt die versteckten Krallen

Während wir einatmen, führen wir das vordere linke Bein gerade nach hinten in Richtung Osten in den geduckten Reiterstand, und halten den Oberkörper aufrecht.

Beim Zurückgehen bis zur Körpermitte atmen wir ein.

Beim Weggehen in den geduckten Reiterstand atmen wir langsam aus.

Während wir weiter ausatmen, heben wir die linke Hand im Vorwärtsbogen in Augenhöhe, die Leoparden-Kralle wird leicht geöffnet und im Handgelenk abgewinkelt.

Der Ellenbogen ist ebenfalls leicht angewinkelt.

Den rechten Arm winkeln wir im Ellenbogen stark an, so daß er nach hinten etwas über der eigenen Schulter steht. Die Hand ist zur halb-offenen abgewinkelten Leoparden-Kralle geformt. Der Unterarm steht leicht schräg – nicht ganz senkrecht – zum Fußboden. Die linke Hüfte drehen wir stark zum rechten Oberschenkel – mindestens 90 Grad – ein.

Blickrichtung Westen.

Wir haben vollkommen ausgeatmet.

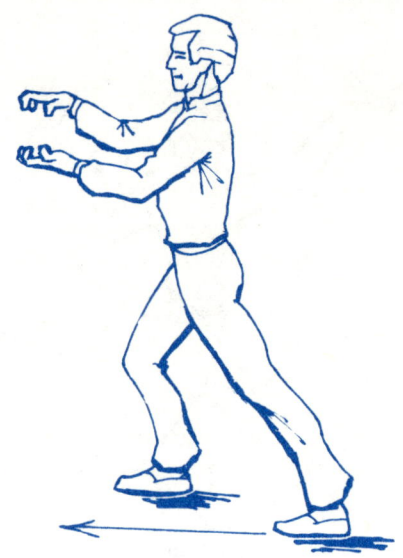

Abb. 95a – Der Leopard holt zum Schlag aus

Während wir einatmen,
führen wir die rechte Hand im Vorwärtsbogen über
den Kopf nach vorn in Höhe des Solarplexus, die
Handfläche zeigt zum Boden.

Die linke Hand führen wir gleichzeitig im Rückwärts-Kreis über den Kopf an der Hüfte vorbei, und von
dort – von unten nach oben – zum Solarplexus. Die
Handfläche zeigt zum Himmel.

In der Endstellung stehen beide Hände dicht übereinander, in Höhe des Solarplexus – berühren sich aber
nicht.

– Darauf achten, daß die Hüfte auf 90 Grad eingedreht bleibt –.

Während des Armkreisens wird bis zum halben
Weg eingeatmet, danach ausgeatmet.

In der Endstellung haben wir vollkommen ausgeatmet.

Blickrichtung Westen.

184

96

Abb. 96 – Der Leopard entblößt die Krallen

Während wir einatmen,
führen wir den linken Fuß gerade vor in den geduckten
Reiterstand.

Beim Heranziehen des Fußes an den Körper atmen
wir ein.

Beim Vorschieben des Fußes beginnen wir mit dem
Ausatmen,
und drehen die rechte Hüfte möglichst auf 90 Grad
zum linken Oberschenkel ein.

Der rechte Unterarm wird senkrecht vor dem Körper
gehalten, die Leoparden-Kralle nach hinten weit abgewinkelt.

Den linken Arm halten wir waagerecht in Nabelhö-
he ca. 20 cm vor dem Körper. Die Leoparden-Kralle
wird nach unten weit abgewinkelt.

Blickrichtung Westen.

97

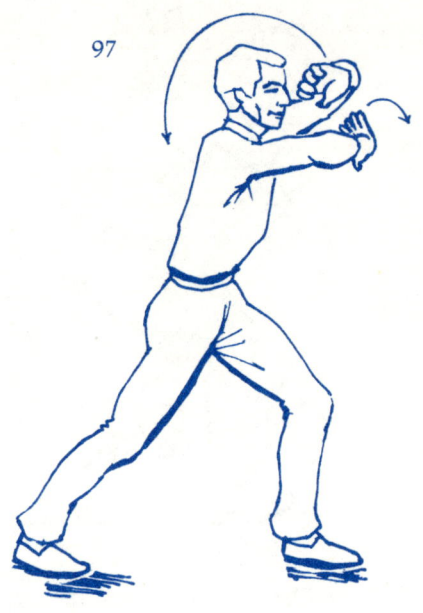

Abb. 97 – Der Leopard verbirgt seine Krallen
(seitenverkehrt)

Während wir einatmen,
führen wir das rechte hintere Bein im großen Vorwärts-
Bogen über Norden und Westen nach Süd-Westen.
Dort setzen wir es ab.

Während wir mit dem Ausatmen beginnen,
drehen wir den Körper in den geduckten Reiterstand
ein.

Blickrichtung Osten.

Wir verschränken beide Arme waagerecht vor dem
Hals. Der linke Arm liegt über dem rechten. Die Handflächen der Leoparden-Kralle zeigen nach vorn.

Blickrichtung Osten.

Wir haben vollkommen ausgeatmet.

98

Abb. 98 – Der Leopard zeigt die versteckten Krallen
(seitenverkehrt)

Wir atmen ein,
und führen die rechte Hand mit der leicht geöffneten
Kralle im Vorwärts-Bogen in Augenhöhe.
Die linke Hand führen wir im Rückwärts-Bogen zur
Schulter. Der Arm wird im Ellenbogen weit angewin-
kelt. Die Hand ist zur halb-offenen abgewinkelten Leo-
parden-Kralle geformt.
Die rechte Hüfte wird stark zum linken Oberschen-
kel auf mindestens 90 Grad eingedreht.
Blickrichtung Osten.
Wir haben vollkommen ausgeatmet.

Abb. 99 – Der Leopard holt zum Schlag aus
(seitenverkehrt)

Während wir einatmen,
führen wir die linke Hand im Vorwärtsbogen über den
Kopf nach vorn in Höhe des Solarplexus. Die Handfläche zeigt zum Boden.

Die rechte Hand führen wir im Rückwärts-Kreis über
den Kopf an der Hüfte vorbei – und von dort von unten
nach oben – zum Solarplexus. Die Handfläche zeigt
zum Himmel. In der Endstellung stehen beide Hände
dicht übereinander in Solarplexus-Höhe, berühren sich
aber einander nicht.

Darauf achten, daß die Hüfte stark eingedreht bleibt.

Während der Kreisübung atmen wir ein,
ab dem halben Weg beginnen wir mit dem Ausatmen.

In der Endstellung haben wir vollkommen ausgeatmet.

188

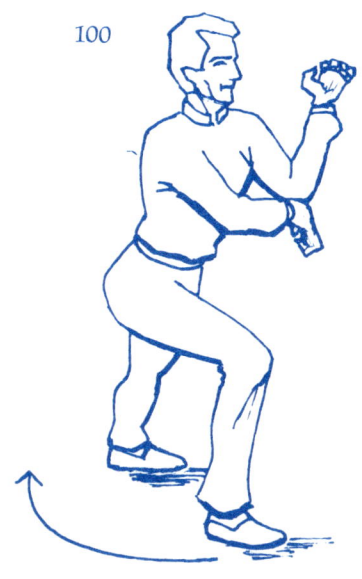

100

Abb. 100 – Der Leopard entblößt die Krallen
(seitenverkehrt)

Während wir einatmen,
führen wir den rechten Fuß gerade vor in den geduckten Reiterstand. Die linke Hüfte drehen wir auf 90 Grad
zum rechten Oberschenkel ein.

Der linke Unterarm wird senkrecht vor dem Körper
gehalten, die Leoparden-Kralle weit nach hinten abgewinkelt.

Den rechten Arm halten wir waagerecht in Nabelhö-
he ca. 20 cm vor dem Körper. Die Leoparden-Kralle
wird abgewinkelt.

Blickrichtung Osten.

Während wir den Fuß an den Körper heranziehen,
atmen wir ein.

Beim Wegführen atmen wir aus.

189

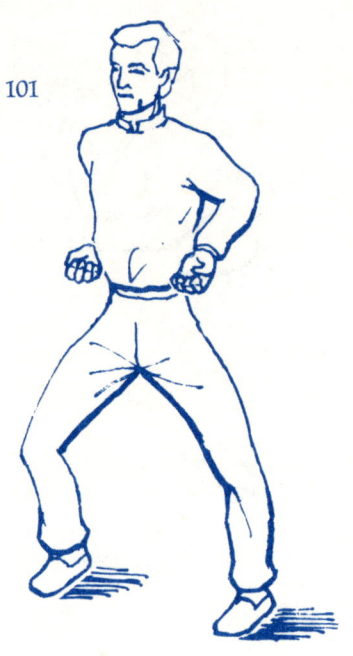

101

Abb. 101 – Der Leopard streckt seine Läufe

Während wir einatmen,
führen wir den vorderen rechten Fuß im Rückwärts-
Bogen nach Westen in den hohen Reitersitz,
Blickrichtung Süden,
und ziehen dabei beide Leoparden-Krallen gleichzeitig
leicht eingedreht an die Hüften heran.
Die Handrücken zeigen zum Boden.

101a

Abb. 101a

Während wir mit dem Ausatmen beginnen,
nehmen wir den mittleren Reitersitz ein und stoßen
gleichzeitig den linken Arm gerade nach vorn und den
rechten Arm gerade nach hinten. Die Hände werden als
Leoparden-Krallen angespannt und ganz hochgewinkelt.

Beide ausgestreckten Arme bilden eine Linie.

In der Endstellung haben wir ausgeatmet.

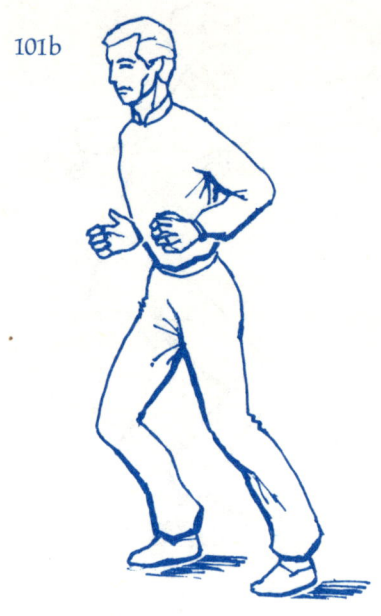

101b

Abb. 101b

Während wir einatmen,
nehmen wir den hohen Reitersitz ein.
    Gleichzeitig ziehen wir beide Arme an den Körper
heran.

Abb. 101c

Während wir ausatmen,
nehmen wir den mittleren Reitersitz ein und stoßen
gleichzeitig, diesmal den rechten Arm gerade nach
vorn und den linken Arm gerade nach hinten.

Die Hände werden als Leoparden-Krallen angespannt und ganz hochgewinkelt.

Blickrichtung Süden.

Insgesamt 3 ×.

Der Kranich-Stil

102

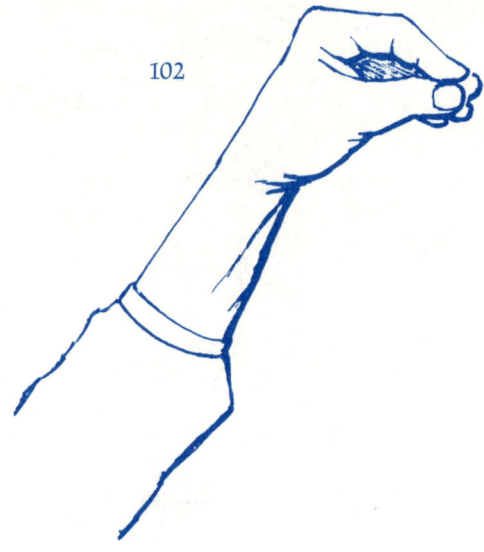

Abb. 102 – Der Kranich-Schnabel

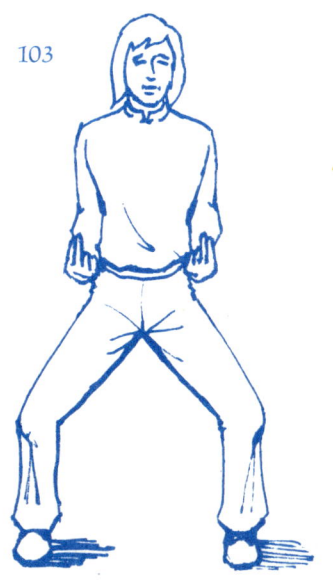

103

Abb. 103

Während wir einatmen,
nehmen wir wieder den hohen Reitersitz ein und ziehen
beide Hände an die Hüften zurück.
Die Hände zeigen den Kranich-Schnabel, die Handrücken zeigen zum Boden.

104

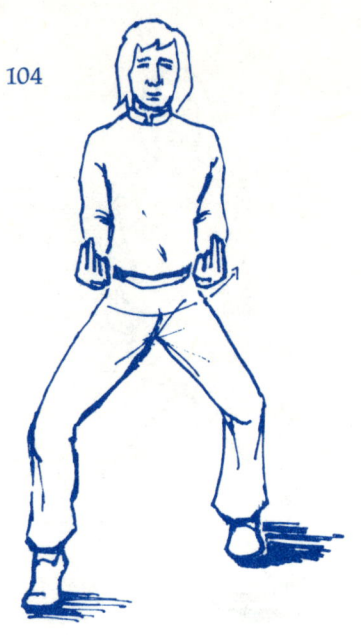

Abb. 104

Während wir ausatmen,
führen wir das rechte Bein gerade ca. 70 cm nach vorn
in Richtung Süden.

Abb. 105

Wir heben den Körper auf beide Fußballen an und drehen ihn auf der Stelle nach links – Richtung Osten – in den geduckten Reiterstand. Dabei winkeln wir den rechten Arm weit an. Den linken Arm halten wir waagerecht vor den Körper, die Finger sind zu Kranich-Schnäbeln geformt.

Wir verharren in der Stellung und atmen ruhig und tief ein.

106

Abb. 106 – Der Kranich hebt den Schnabel

Während wir ruhig ausatmen,
wölben wir weit den Rücken nach hinten – Richtung Westen
– und verlagern dabei gleichzeitig das Körpergewicht auf
das rechte Standbein, wobei wir das linke Bein heranziehen,
bis der Fußballen den Boden leicht berührt. Der Kopf wird
gerade im Hals gestreckt.

Während des Wölbens wird die linke Hand vor das Sonnengeflecht geführt.

Gleichzeitig wird die rechte Hand in Kinn-Höhe gehalten.

Zeige- und Mittelfinger beider Hände werden mit dem
Daumen zusammengeführt – nicht verkrampfen – und bilden den Kranich-Schnabel.

Ring- und kleiner Finger werden zur Faust geschlossen.

Wir blicken nach Osten.

*Haben wir diese Stellung erreicht, wölben wir den Oberkörper noch
ein klein wenig mehr nach.*

In dieser Stellung verharren wir, bis der Körper anfängt zu zittern,
und wir vollkommen ausgeatmet haben.

107

Abb. 107 – 180-Grad-Wendung

Wir richten den Oberkörper auf und atmen ein.
Gleichzeitig setzen wir den linken Fuß etwa 20 cm
gerade Richtung Süden.

107a

Abb. 107a

Wir verlagern unser Körpergewicht auf beide Fußballen,
und drehen uns auf der Stelle rechts herum nach
Westen.

Dabei wechseln wir die Arme. Die linke Hand geht
zum Kopf.

108

Abb. 108 – Der Kranich hebt den Schnabel
(seitenverkehrt)

Nach der Drehung verlegen wir das Körpergewicht
sofort auf das linke Bein, das rechte Bein berührt den
Boden nur leicht.
Wir atmen langsam aus
und wölben den Rücken weit nach hinten.
Wir verharren in dieser Stellung, nachdem wir den Ober-
körper noch ein klein wenig mehr nachgewölbt haben, bis der
Körper anfängt zu zittern,
und wir ganz ausgeatmet haben.

109

Abb. 109 – Der Kranich steht auf einem Bein

Während wir einatmen,
richten wir den Oberkörper auf und drehen gleichzeitig den gesamten Körper nach links Richtung Süden.

Wir heben das rechte Bein, bis der Oberschenkel
waagerecht zum Boden steht.

Das rechte Schien- und Wadenbein wird wie der Fuß
locker gehalten, die Zehenspitzen zeigen leicht zum Boden.

Das Standbein wir durchgedrückt.

(Anfangs besser einknicken, wir stehen dann sicherer.)

Die Arme werden wie Flügel ausgestreckt und in den
Ellenbogen leicht eingeknickt, bis die Handgelenke in
Ohrenhöhe stehen, die Hände knicken wir in den
Gelenken nach unten gerade ab, die Finger strecken
und spreizen wir leicht.

110

Abb. 110 – Der Kranich hebt sein Bein

Während wir langsam ausatmen,
heben wir Schien- und Wadenbein aus dem Kniegelenk gerade nach vorn, bis das gesamte Bein gestreckt
ist und waagerecht zum Boden steht. Der Fuß wird
ebenfalls gestreckt, der Fußballen zeigt nach vorn, die
Zehen sind hochgezogen.
In dieser Stellung verharren wir, bis das Bein zittert.

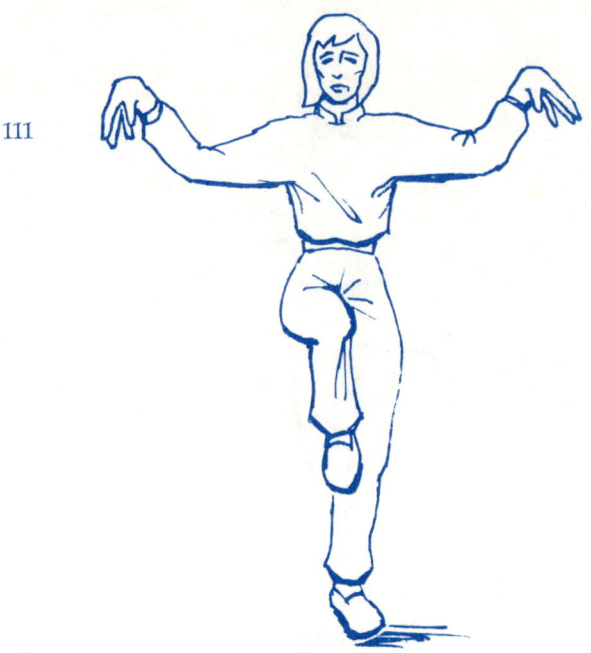

111

Abb. 111 – Der Kranich steht auf einem Bein.

Während wir einatmen,
senken wir Schien- und Wadenbein im Kniegelenk, wobei wir den Oberschenkel weiterhin waagerecht zum
Boden halten.

112

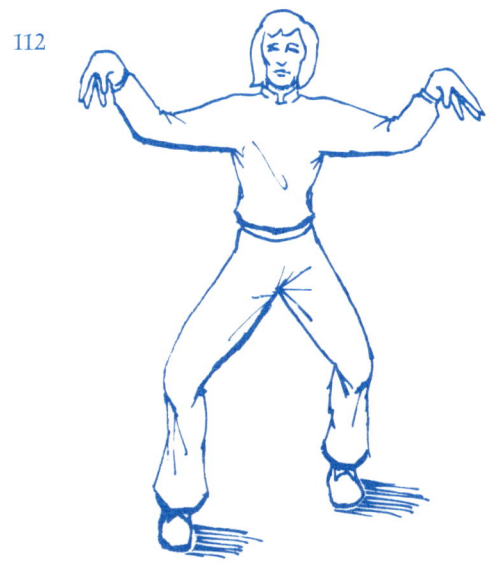

Abb. 112 – Der Kranich fischt

Während wir ausatmen,
setzen wir das rechte Bein gerade nach vorn
Richtung Süden in den geduckten Reiterstand ab.

112a

Abb. 112a

Den Oberkörper knicken wir in der Hüfte ein, bis er eine Gerade mit dem hinteren Bein bildet.

Der rechte Arm wird ausgestreckt, die Fingerspitzen des Kranich-Schnabels „fischen" in Bauchnabelhöhe.

Die linke Hand wird parallel über den Oberschenkel gehalten.

113

Abb. 113

Während wir einatmen,
gehen wir auf beide Fußballen und drehen den Körper
auf der Stelle nach links – Richtung Osten.

114

Abb. 114 – Der Kranich streckt den Schnabel

Wir atmen aus,
und setzen dabei im geduckten Reiterstand ab.
Der linke Arm wird gerade ausgestreckt.
Der Kranich-Schnabel steht in Halshöhe, die Fingerspitzen nach vorn.
Der rechte Arm wird parallel zum Boden und recht-
winkelig zum vorderen Arm vor den Körper gehalten.

115

Abb. 115 – Der Kranich steht auf einem Bein
(seitenverkehrt)

Während wir einatmen,
führen wir den vorderen linken Fuß an den rechten heran, und drehen uns gleichzeitig mit dem gesamten
Körper nach links – Richtung Norden.

Dabei heben wir das linke Bein, bis der Oberschenkel waagerecht zum Boden steht. Schien- und Wadenbein zeigen zum Boden. Das rechte Standbein ist
durchgedrückt.

Die Arme werden seitwärts ausgestreckt und in den
Ellenbogen eingeknickt, bis die Handgelenke Ohrenhöhe erreichen. Die Hände knicken wir in den Gelenken weit ab, dabei strecken und spreizen wir die Finger.

Wir blicken nach Norden.

Abb. 116 – Der Kranich hebt sein Bein
(seitenverkehrt)

Während wir langsam ausatmen,
heben wir das linke Schien- und Wadenbein gerade
nach vorn im Kniegelenk, bis das gesamte Bein ausgestreckt und waagerecht zum Fußboden steht. Der Fuß
ist ebenfalls gestreckt, der Ballen zeigt nach vorn, die
Zehen nach oben.

Wir bleiben in dieser Stellung stehen, bis der Körper zittert.

117

Abb. 117 – Der Kranich senkt seine Flügel

Während wir einatmen,
senken wir Schien- und Wadenbein im Kniegelenk, bis
der linke Hacken den rechten Oberschenkel leicht berührt. Der Oberschenkel wird weiterhin waagerecht
zum Boden gehalten.

Gleichzeitig ziehen wir die Arme im Innenbogen an
den Körper heran. Die ausgestreckten Hände zeigen
mit den Fingern nach innen, die Handflächen schräg
zum Boden.

Wenn die Arme in Brusthöhe sind, beginnen wir ruhig mit dem Ausatmen,
bis wir die Endstellung erreicht haben.

Wir verharren in dieser Stellung, sammeln uns,
atmen 3 × ruhig und tief ein und aus.

117a

Abb. 117a

Während wir einatmen, führen wir das linke Bein direkt am rechten Bein vorbei und setzen es nach hinten in ca. 10 cm Abstand auf dem Fußballen ab.

Abb. 118 – Der Kranich geht in Balance

Während wir ausatmen,
drehen wir uns nun auf der Stelle um 45 Grad nach
Westen und heben das rechte Bein.

Wir knicken den gesamten Oberkörper in der Hüfte
solange ab, bis er waagerecht zum Fußboden steht.
Gleichzeitig strecken wir das rechte Bein soweit nach
hinten, bis es *mindestens* waagerecht zum Fußboden
steht.

Beide Handflächen berühren sich. Die Arme werden
leicht angewinkelt vor dem Körper gehalten.

Blickrichtung Westen.

Wir verharren in der Stellung, bis unser Körper anfängt zu
zittern.

Vorsicht! Daran denken, daß die Atmung normal
und harmonisch vollzogen werden muß
– nicht verkrampfen!

119

Abb. 119

    Während wir einatmen,
ziehen wir das ausgestreckte rechte Bein an das linke
Standbein bis auf ca. 10 cm Entfernung heran, und setzen das Bein auf den Fußballen ab. Gleichzeitig richten
wir den Oberkörper auf.

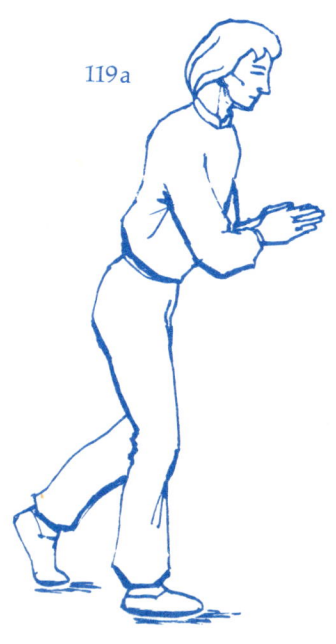

119a

Abb. 119a

Wir drehen uns nun auf der Stelle nach rechts um 180 Grad.

Blickrichtung Osten.

Wir verlagern das Körpergewicht auf das rechte Bein.

120

Abb. 120 – Der Kranich geht in Balance
(seitenverkehrt)

Während wir ausatmen,
heben wir das linke Bein und strecken den Oberkörper,
bis das linke Bein und beide Arme in waagerechter
Balance-Stellung stehen.
Blickrichtung Osten.
Wir verharren in der Balance-Stellung, bis unser
Körper anfängt zu zittern.

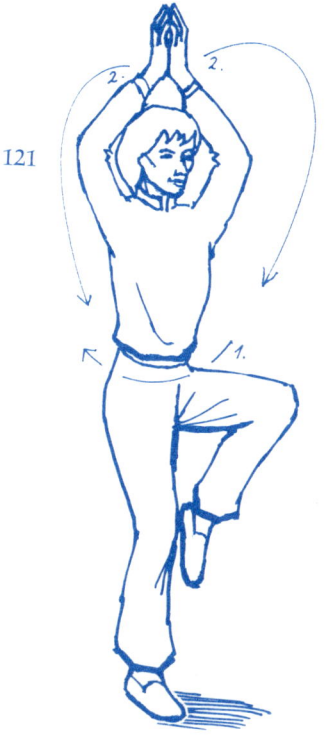

Abb. 121 – Der Kranich senkt seine Flügel
(seitenverkehrt)

Während wir einatmen,
richten wir den Oberkörper auf, heben die Arme über
den Kopf und führen das linke Bein ohne abzusetzen so
weit nach vorn, daß der Oberschenkel waagerecht zum
Boden steht, und der Hacken den Oberschenkel des
rechten Standbeines leicht berührt.

Gleichzeitig drehen wir uns auf dem Standbein nach
rechts Richtung Süden.

*(Nur Fortgeschrittene drehen sich über Norden und Westen
nach Süden.)*

121a

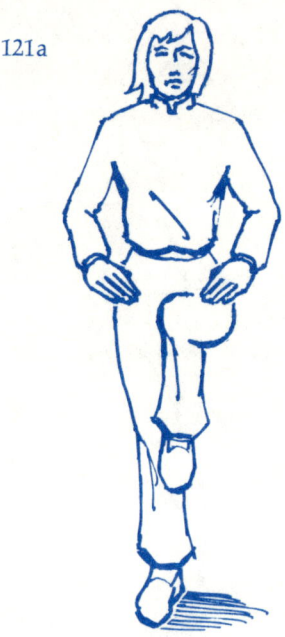

Abb. 121a

Während der Drehung atmen wir aus,
und ziehen wir die Arme im Bogen an den Körper heran. Die gestreckten Hände zeigen nach innen, die
Handflächen schräg zum Boden.
Wenn die Arme in Brusthöhe sind,
beginnen wir mit dem Ausatmen,

Wir verharren in der Stellung, sammeln uns,
atmen 3 × ruhig und tief ein und aus.

122

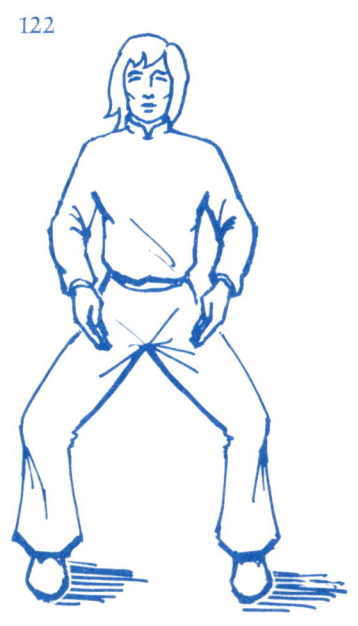

Abb. 122 – Der hohe Reitersitz

Wir atmen ein,
und setzen das linke Bein seitwärts in den hohen Reitersitz ab. Gleichzeitig ziehen wir die Hände synchron zu
den Hüften. Die Handrücken zeigen zum Boden. Die
Finger berühren einander und sind gestreckt.
Blickrichtung Süden.

123

Abb. 123 – Der Sonnengruß

   Wir atmen weiter ein,
und führen gleichzeitig beide Hände zum Solarplexus,
wo sich die Handflächen vollkommen berühren. Die
Fingerspitzen zeigen zum Himmel. Die Unterarme stehen waagerecht zum Boden.

123 a

Abb. 123 a

Während wir ausatmen,
führen wir die geschlossenen Hände gerade über den
Kopf.

123b

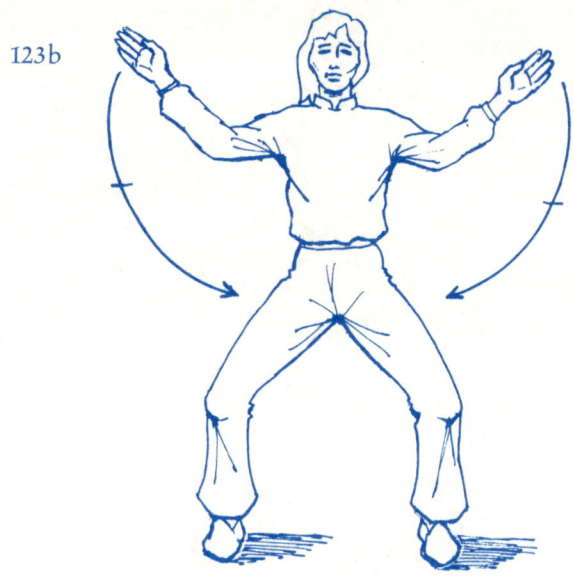

Abb. 123b

Während wir langsam einatmen,
führen wir beide Arme synchron im großen Bogen
langsam bis zur Brusthöhe nach unten, wobei wir die
Handflächen leicht nach außen drehen.
Ab der Brusthöhe beginnen wir mit langsamen Ausatmen,

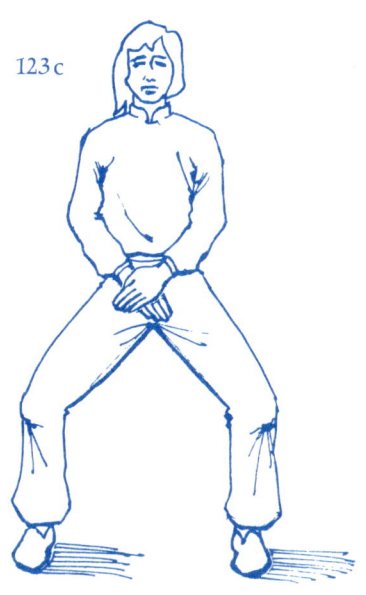

123 c

Abb. 123 c

und führen die Hände im Bogen weiter, bis sie in Höhe der Geschlechtsteile stehen – in ca. 10 cm Abstand vor dem Körper.

Wir haben jetzt vollkommen ausgeatmet!

Abb. 123 d, e

Wir atmen ein,
und heben beide Hände zum Solarplexus.

Die Handflächen liegen aufeinander, die Fingerspitzen zeigen zum Himmel.

Wir verharren kurz und konzentriert in dieser Stellung,
und atmen nun aus.

123 f   124

Abb. 123 f

Wir ziehen den linken Fuß an den rechten heran. Dabei senken wir die Arme. Die Handflächen berühren leicht die Oberschenkel. Wir stehen in der Ausgangsstellung.

Abb. 124 – Ausgangsstellung

Wir haben vollkommen ausgeatmet.
Nun atmen wir ruhig und langsam ein,
dabei schließen wir die Augen und versuchen die einfließende
Atem-Energie intensiv in uns zu fühlen.
Wir atmen ruhig und langsam aus
und fühlen, wie die Atem-Energie aus allen Poren unseres
Körpers strömt,
insgesamt 3 ×.
Damit beenden wir den Drachenweg des Shao-Lin.

Meditation

Nun stehst du vor dem größten Ereignis deines Lebens! Der bisherige Weg half dir, dein „Äußeres" kennenzulernen, und dich deinem „Inneren" zu nähern!

Jetzt hast du die Möglichkeit, dein wirkliches Selbst, also deine innere Kraft direkt kennenzulernen!

Der folgende Weg kann Jahrzehnte, aber auch nur Tage dauern, um dich ans Ziel deines Seins zu bringen. Die Zeit hängt von folgenden Faktoren ab:

1. Deiner Bereitschaft zur täglichen Übung – aber ohne Druck!

2. Deiner Ausdauer und Disziplin – ohne Krampf!

3. Deiner ständigen Aufrechterhaltung der Harmonie – in Demut!

4. Von deinem aus Liebe geprägten Wollen, dich selbst im Innern kennenzulernen.

Ziel und Zweck der Meditation ist es, den Menschen zu seiner inneren Wahrheit zu führen, denn wie alle alten Texte der Welt sagen
– „Die Wahrheit liegt in einem".

Alle großen Lehren und Religionen stellen ab einem bestimmten Entwicklungsgrad die Meditation als den einzigen Weg dar, der zur großen Wahrheit führt.

Wir wollen uns hier nur mit der Meditation befassen, die so alt ist wie der Drachenweg und mit diesem zusammen geübt wurde.

In der alten Zeit wußte man bereits, daß alles Positive hell (wie der Tag), alle Negative dunkel ist (wie die Nacht – Gefahr im Dunkeln).

In der physischen Welt wird Licht als Feuer begriffen, das dunkeles erhellt, wärmt und umwandelt. Es wird symbolisch in der (Kerzen)-Flamme dargestellt.

Der alte Meditationsweg benutzt deshalb als „Hilfsmittel" eine Kerzenflamme, um nur auf das Licht – und
nichts anderes – fixiert zu sein, das ein jeder „in sich" finden soll.

Für diese Meditation muß der gesamte Organismus
des Körpers einen bestimmten Stabilitätsgrad erreicht
haben, der durch Atmung und Bewegungsablauf auf-
gebaut wird.

Diese Übungs-Kombinationen stärken die „inneren
Systeme", vor allem das Nervensystem, das für die Meditation besonders wichtig ist, um den hohen Kontakt
mit dem eigenen Gott-Bewußtsein zu erreichen!

Grundsätzlich soll für diese Meditation ein entspre-
chender Rahmen vorhanden sein. Im Übungsraum
muß Ruhe herrschen. Störungen dürfen nicht gesche-
hen!

Bewährt hat sich die Meditation in den Abendstun-
den, da abends die Hektik der Erde und der Chi-Ener-
gien wesentlich ruhiger sind und durch den „Nacht-
schlaf" der Erde auch in der Atmosphäre eine größere
Harmonie herrscht. Eine sehr starke Unterstützung finden wir in ruhiger klassischer Musik. Diese aber soll
harmonisch sein, das heißt, keine Trommelwirbel oder
Paukensolos beinhalten, sondern eher wie das Fließen
eines Baches melodisch die eigene Stimmung be-
schwingen, besonders geeignet ist die Melodie: „Oh du
mein holder Abendstern" (aus: „Tannhäuser" von
R. Wagner).

Wie bei allen Übungen des Drachenweges ist es auch
für die Meditation wichtig, daß man ohne Druck übt,
d.h., sich genug Zeit nimmt, um langsam diese Voraussetzungen zu erfüllen.

Wir setzen uns nun gerade aufrecht, entspannt und
locker auf den Boden oder einen Stuhl.

Bitte daran denken, daß die Beine oder Arme nicht überkreuzt werden, denn dadurch würde der Energiefluß blockiert werden. –

Der sogenannte Lotussitz, bei dem die Fußrücken auf den Oberschenkeln liegen, stellt übrigens keine Kreuzung dar, da es sich hierbei um zwei Schlaufen handelt, die die Energie im Körper kreisen lassen. Für die hohe Meditation ist dieser Sitz aber keine Voraussetzung.

Vor jeder Meditationsform müssen wir uns durch Gedankenvorstellung in einen weißen „Lichtmantel" vollkommen kugelförmig umhüllend einschließen, damit der „ruhende Körper" gegenüber den weltlichen Störungen geschützt ist!

Der „Lichtmantel" muß auch während der Meditation aufrecht gehalten werden!

Die folgenden Übungen sollten höchstens zehn Minuten ohne Unterbrechung geübt werden.

In ca. 60 cm bis 100 cm Entfernung stellen wir eine weiße Kerze auf. Die Kerzenflamme sollte genau in Augenhöhe stehen. Nachdem die Musik angeschaltet wurde, versuchen wir durch die voran beschriebenen Atemübungen Ruhe zu finden. Dadurch werden die Gedanken allmählich aus dem Kopf gehen, der Kopf wird „leer", d.h. aufnahmebereit. Nun konzentrieren wir uns auf die Kerzenflamme. Wir schauen die Flamme ganz genau an. Je mehr wir uns konzentrieren, um so weniger sehen wir die Kerze und den Docht. Bei genauer Konzentration sehen wir nur die Flamme. Durch das konzentrierte Sehen erscheint es häufig optisch so, als wenn die Flamme plötzlich etwas größer wird. Wenn wir das Gefühl haben, daß wir diese Kerzenflamme genau beschreiben könnten, schließen wir die Augen und versuchen, die Flamme zwischen den Augenbrauen – genau über der Mitte der Nasenwurzel – auf *der Stirn-Innenseite* zu sehen.

Auch wenn dies nicht sofort geht, ist das kein Grund, mutlos zu werden, der Drachenweg verlangt Disziplin und Ausdauer. Wenn wir auf der Innenseite unserer Stirn die Flamme sehen, kann sie verschiedene Farben und Formen annehmen. Wir beeigenschaften diese Flamme nicht, „lassen sie gewähren".

Im Laufe der Zeit werden die Bilder sich harmonisieren und die naturgetreue Flamme wird auf der Stirn entstehen.

Haben wir diesen Zustand erreicht, kommen wir zum zweiten Teil der Meditationsübung.

Jetzt schauen wir uns die Flamme so lange an, bis wir deutlich erkennen, daß sie nicht (nur) Goldgelb ist, sondern aus mehreren Farben besteht. Wenn wir also genau hinschauen, werden wir
– den blauen Flammenkern?
– darüber eine weiße Corona?
– und die goldgelbe Flamme?
sehen.

Bei ganz starker Konzentration ist in der Spitze der Flamme noch ein leichtes Rosa erkennbar.

Ferner sehen wir die Aura der Flamme – einen elektronischen weißen Lichtkreis – die Flamme umhüllend.

Wenn wir mit dieser Übung etwas Routine bekommen haben, und sie uns gefühlsmäßig leichtfällt, tritt in der Regel die erste Schwierigkeit auf.

Dadurch, daß wir uns nicht mehr sehr stark auf das „Sehen" der Flamme konzentrieren, sind wir entspannter. In diesem Zustand erreichen uns häufig störende Gedanken und Bilder, die wir aber nicht annehmen – d.h. weiterverfolgen dürfen. Wir richten unsere Konzentration sofort wieder auf die Flamme. Die störenden Gedanken werden automatisch verschwinden.

Durch regelmäßiges Üben wird die meditative Konzentrationsstärke so wachsen, daß störende Gedanken uns nicht mehr berühren können.

Nachdem wir durch unsere Meditationsübungen gelernt haben, die störenden Gedanken auszuschalten, können wir nun die nächste große Meditationsstufe vollziehen.

Wir bitten die Flamme auf der Stirn, uns zu unserem Herzen zu führen; lassen uns in die Flamme fallen und „folgen" ihr.

Alles Störende und nicht Göttlich-Positive, das wir in dieser Meditation evtl. erleben, rührt aus vergangenen selbst produzierten Erfahrungen, die wir jetzt sofort ablehnen müssen, indem wir uns sagen, „das nehme ich nicht an!" Unsere Konzentration müssen wir dabei immer wieder – möglichst ständig – auf die beschriebene Flamme richten und halten.

Gerade bei dieser Übung ist es besonders wichtig, daß keinerlei Zwang und Druck vorhanden ist. Diese Meditationsform dauert manchmal einige Jahre, führt aber zum wirklich großen Ziel, über das wir an dieser Stelle nichts Näheres sagen können.

Wenn ein Schüler so weit gekommen ist, wird auch der für ihn nötige Lehrer, der ihn im geistigen Wissen weiterführt, in seiner Nähe sein, um ihn in die großen Mysterien alles Seins einzuweisen.

Jede Meisterschaft verlangt ständiges Üben im Weltlichen wie im Geistigen. Ernsthaft Suchende sollten deshalb ihre Meditationen regelmäßig ausüben und mit der beschriebenen Atmung verbinden. Im Laufe der Zeit wird der ruhende Zustand immer leichter und auch schneller erreicht werden. Die Meditation wird gleichzeitig immer tiefer und damit konzentrierter. Die Ergebnisse in der Meditation werden wachsen und der Suchende wird allmählich seinem „Grabe entsteigen" – eben Wissen erlangen.

In der hohen Meditation verändern wir meistens unbewußt unsere Atem-Technik. Bisher haben wir die physische Zweifach-Atmung geübt. Bei der Meditation mit dem eigenen Herzen wenden wir die „Meditations-Atmung" an.

Wir atmen nur noch in gleichlangem Rhythmus durch die Nase ein und aus.

Wenn wir über die physische Atmung vollkommene Harmonie im Drachenweg erreicht haben, werden wir „in der höchsten Stufe des Drachenweges" die Meditationsatmung mit den Bewegungen verbinden, denn…

die höchste Stufe des alten Weges ist die hohe vollkommene Meditation in der Bewegung!

Wir sollten nun im täglichen Leben nichts Negatives mehr annehmen und in allem das Wirkliche – eben Positive – sehen.

Zur Meditation noch einige wichtige Hinweise:

Jeder ernsthafte Schüler muß diese Anweisungen unbedingt nacheinander üben, und nur zur nächsten Stufe übergehen, wenn die Vorherige beherrscht wird.

Meditiert *nie* mit anderen zusammen, weder mit einzelnen noch in Gruppen!

Wenn auch nur einer bei einer Gruppenmeditation die aufnehmende Atem-Energie – wenn auch aus Unwissenheit – nach „Außen" statt nach „Innen" lenkt, vermischt sich diese mit den Atem-Energien der anderen Meditationsteilnehmer.

Daraus entstehen karmische Verbindungen, die häufig erst durch viele – vielleicht zusätzliche Leben – aufgelöst werden können.

Ein wahrer Lehrer wird die Teilnehmer vor jeder Meditation schützen und darüber informieren.

Nur Meditationslehrer, die wissen, wie man bei Gruppenmeditationen den einzelnen schützt, dürfen solche Sitzungen vollziehen!

Da man das Wissen des anderen und auch des Lehrers nicht kennt, sollte man deshalb nie in Gruppen meditieren!

9 Das hohe Ziel

Die vier Stufen des Drachenweges verlangen die vollkommene Verbindung aller Elemente zur Einheit.

Gerade für diesen hohen Schritt ist eiserne Disziplin unabdingbar.

Ebenso wie das regelmäßige Training, ist die tägliche Meditation notwendig, damit beides, das Physische und das Geistige „üben" gestärkt und zur Harmonie gebracht werden kann.

Anfangs ist es empfehlenswert, zuerst den „Physischen Sportweg" zu üben.

Danach sollte, je nach Konzentrationsstärke, zwischen fünf bis zehn Minuten maximal meditiert werden.

Besondere Fortschritte werden erreicht, wenn vor dem „Sportweg" ebenfalls fünf Minuten meditiert wird. So schalten wir die Gedanken des Tages ab und machen uns frei für die dann folgenden Übungen.

Je entspannter – auch geistig gesehen – wir üben, um so bessser kann die innere Kraft durch uns fließen.

Wenn wir mit den beschriebenen Meditationsübungen keine Schwierigkeiten mehr haben, sie also „wie von selbst" gehen, und der „Sportweg" ebenfalls in der Ausübung mit Atmung und Bewegungsablauf harmonisch ausgeführt wird, sind wir auf der ersten Stufe des Drachenweges angelangt.

Ab jetzt wird zum „Sportweg", d.h. gleichzeitg während der Übungen, die Kerzenflamme, die wir aus der Meditation kennen, auf der Innenseite der Stirn visualisiert.

Wir führen also den „Sportweg" nun
– mit ruhiger Atmung
– entspannten langsamen Bewegungen

– und mit der Flammen-Visualisation
aus.

„Hierbei legen wir in der ersten Zeit unsere Konzentration auf die Flammen-Visualisation.

Fällt uns auch diese Übungskombination leicht, so daß die Konzentration ebenfalls „von selbst" mit der Flamme gehalten werden kann, folgt die Dritte Stufe des Drachenweges.

Ab jetzt wird der „Sportweg"
– mit ruhiger Atmung
– und entspannten, langsamen, gleitenden Bewegungen
– und der Flammen-Visualisation
ausgeführt,
ohne daß wir unsere Konzentration auf einzelne Teile der Elemente oder gar alle vier Elemente gemeinsam richten.

Das heißt, daß wir ab jetzt beim Üben keinerlei Gedanken mehr im Kopf haben, und in einer absoluten inneren Leere unseren Drachenweg vollziehen.

Durch diese innere Leere stabilisieren wir unsere vier Elemente und bereiten uns für das höchste Ziel vor.

Den Kontakt mit unserem inneren Selbst, das nicht im Gehirn, d.h. im Denken, sondern im Herzen sitzt.

Wenn wir diese Stufe des Drachenweges erreicht haben, sind unsere vier Grundelemente in sehr hoher Stabilität.

Das Denken, Fühlen, Handeln und Sprechen des Übenden ist grundsätzlich positiv geworden und er hat durch langes, regelmäßiges Üben gelernt, auch im scheinbar Negativen das Wirkliche, eben Positive, zu erkennen.

Durch die Erweckung und Stabilisierung der inneren Kräfte erahnen wir vorsichtig die Größe dessen, warum, über uns, und in uns ist – nämlich das universale Bewußtsein.

Schüler, die bis zu dieser Stufe gekommen sind, werden bei wachsamen Umschauen weitere Hilfen bzw. einen Lehrer in ihrer Nähe finden, der sie nun in die vierte, höchste Stufe des Drachenweges einführen kann. In dieser Stufe werden nicht nur weitere Gesetzmäßigkeiten, die über dieses Buch hinausgehen, sondern auch die bewußte Erweckung der inneren Kräfte gelehrt.

Dieser wunderbare Weg vollzieht sich dann in den hohen Mysterien der geistigen Wissenschaft.

Umsetzung der erworbenen Fähigkeiten im täglichen Leben

Der in diesem Buch beschriebene Übungsweg nach Innen basiert auf den reinen geistigen Gesetzmäßigkeiten, die in jeder Evolution vollzogen werden müssen. Ernsthaft suchende Schüler können die Erfahrung machen, daß hier angedeutete Kräfte wesentlich früher in ihnen wach werden.

Solche Erfahrungen sind nicht ungewöhnlich, wenn man bedenkt, daß kaum ein Mensch mit diesem Leben in seiner ersten Inkarnation ist.

Einige der Menschen, die diese Texte lesen, werden erstaunt erkennen, daß ihnen all das nicht neu ist. Vielleicht haben sie in früheren weit vergangenen Leben schon einmal Kontakt mit dem Drachenweg gehabt, und sind in die geistigen Gesetzmäßigkeiten damals eingeweiht worden.

Die in früheren Leben erworbenen Fähigkeiten gehen nach dem karmischen Gesetz nicht verloren, d.h., daß alles, was je gelernt wurde, egal in welchem Leben, in jedem Menschen abrufbereit ist, sofern er in der Lage ist, diese früheren Erfahrungen aus seinem Herzen bewußt abzurufen.

Wenn ein Leser in einem vergangenen Leben die hier beschriebenen Übungen schon teilweise beherrscht hat, kann es sein, daß allein durch das Lesen ihm die hier erwähnten Fähigkeiten bruchteilhaft – vielleicht sogar vollkommen – bewußt werden.

Macht ein Schüler diese Erfahrung, dann sollte er in Liebe und Demut dem großen Gesetz des Lebens für diese wunderbare Erfahrung danken und mit den schon vorhandenen Kräften noch intensiver den Drachenweg üben, da er dem hohen Ziel schon näher ist.

Denn…

nur durch Ausdauer und stete Disziplin wird der einzelne den „Berg" der wahren Erkenntnis und des vollkommenen Verstehens erklimmen können.

Die dafür nötigen Etappen beschreibt der Drachenweg, indem er dem Suchenden die Gesetzmäßigkeiten und Zusammenhänge des gesunden Körpers mit der Atmung erklärt. Werden diese Grund-Übungen mit der „visuellen Meditation" verbunden, entsteht der für unsere Entwicklungsstufe wohl schwierigste Evolutionsweg, dessen Ziel die gleichzeitige Einheit vollkommener Meditation, vollkommener Atmung und Körperharmonie in Bewegung darstellt.

An dieser Stelle möchten wir die Schüler noch einmal auf die Meditationsbeschreibung aufmerksam machen, denn häufig ist man der Meinung, daß Trance und Bewegung das gleiche wären, wie Bewegung in der Meditation.

Nur das Letztere aber ist die reine Verbindung mit der Urkraft. Sie wird in vollkommener, konzentrierter Harmonie, dessen höchste Stufe das Nicht-dran-Denken ist, ausgeführt.

236

Harmonisierung der Umwelt

Der beschriebene Weg führt aber nur nach Innen, wenn das Erfahrene und Erkannte ab sofort in der eigenen Welt verwirklicht wird. Jeder ernsthafte Schüler ist also aufgerufen, mit den Erfahrungen des Drachenweges sein Denken, Fühlen, Handeln und Sprechen zu harmonisieren, und in keiner Situation, die disharmonisch und aggressiv scheint, seine eigene innere Ausgeglichenheit zu verlieren, denn
wie der weise Laotse schon sagte:

„Wer die Mitte nicht verliert, der dauert".

Laotse meint mit dem Begriff Mitte die Harmonie, die man in seinem weltlichen Leben ständig aufrecht zu halten hat.

Wenn wir auf einen Berg steigen wollen, müssen wir den ersten Schritt tun, und diesem viele folgen lassen, bis wir den Gipfel erreichen.

Genauso ist es auf dem geistigen Weg. Mit dem ersten Schritt müssen wir sofort versuchen, das bis dahin Erkannte in der eigenen Welt, d.h. in der eigenen Umgebung umzusetzen und weiter fortzuschreiten.

Alles, was positiv und aufbauend ist, erfüllt das geistige Gesetz der Harmonielehre, das wir Evolution nennen.

Wenn wir nun lernen, alles Mißklingende, das uns berührt, nicht persönlich zu nehmen, d.h. darüber keine Trauer, Frustration oder gar Ärger zu empfinden, werden wir erkennen, daß auch hinter diesen Dingen Positives – wenn häufig auch sehr verdeckt – durchscheint.

Denn in jeder Sache liegt das Positive, das man nur richtig erkennen muß, um es in der eigenen Welt freizulassen.

Alles Mißklingende sollte deshalb möglichst sachlich und ohne große Emotionen angegangen werden, auch wenn es manchmal im ersten Moment Schmerz bedeutet. Nur so kann sich positive Kraft in einem Menschen, in seiner Familie, seinem Freundeskreis, seinem Berufsfeld, ja seiner ganzen Umgebung harmonisieren.

Ein durchweg positiv eingestellter Mensch wird manchmal auch als „hoffnungsloser Optimist" von seinen Mitmenschen bezeichnet. Beim genaueren Untersuchen stellt man fest, daß mit dieser Bezeichnung eigentlich ein gewisser Neidaspekt verbunden ist, denn positiv gegenüber allem zu sein, wünscht sich im geheimen jeder Mensch. Nur ist er häufig durch sein Denken, Fühlen, Sprechen und Handeln so mißklingend geladen, daß er das wirklich Positive leider nicht erkennen und verwirklichen kann.

Verpflichtung des Schülers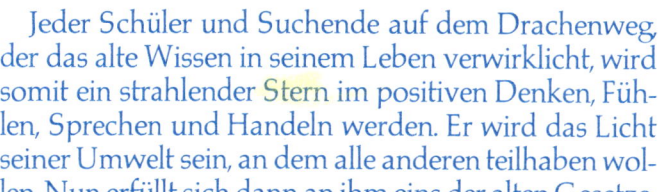

Jeder Schüler und Suchende auf dem Drachenweg, der das alte Wissen in seinem Leben verwirklicht, wird somit ein strahlender Stern im positiven Denken, Fühlen, Sprechen und Handeln werden. Er wird das Licht seiner Umwelt sein, an dem alle anderen teilhaben wollen. Nun erfüllt sich dann an ihm eins der alten Gesetze:

Das Gesetz vom Geben und Nehmen.

Ein jeder, der das Wissen des Drachenweges bewußt angenommen hat, ist verpflichtet, dieses Wissen, auch weiterzugeben. Wenn Suchende kommen, sollte der auf dem Pfade zum reinen Wissen schon Vorangeschrittene dem anderen die nötige Hilfe geben.

Auch wenn der Drachenweg zu den ältesten Evolutionswegen der Menschheit gehört, ist er nicht der einzige. Man kann seinen Weg auch ohne den sportlichen Aspekt gehen, indem man den geistigen Teil dieses Buches und mittels vertiefender und hochwertiger Literatur die hier vorgestellten Gesetze herausarbeitet und sie im Leben verwirklicht.

Heilung von Beschwerden

Mit dem inzwischen erworbenen Wissen sollte ein Schüler auch in seinem täglichen Leben umgehen.

Bei der täglichen Arbeit finden wir immer wenige Minuten Zeit, die hier beschriebenen Atemübungen im Stehen, noch besser im Sitzen, zu vollziehen. Denn mit jeder bewußten Atmung ziehen wir die kosmische Energie des Lebens, die uns erhält, bewußt ein. Und mit jedem bewußten positiven Ausatmen lassen wir die positive Energie uns durchströmen und in unsere Umwelt fließen.

Mit den beschriebenen Atemtechniken ist ein Schüler in der Lage, kleine Beschwerden wie Kopfschmerzen, Magenschmerzen und allgemeines Unwohlsein zu beseitigen.

Die Stärke des „Heileffektes" liegt an der Entwicklungsstufe des Schülers. Einige Schüler haben sich inzwischen soweit entwickelt, daß sie mit konzentrierter, druckloser Atmung Kopfschmerzen fast sofort wegatmen können.

Für die Heilung durch Atmung empfehlen wir noch einmal das Kapitel Atmung durchzuarbeiten. Wie beschrieben, stellen wir uns vor, ein Partikel der eingeatmeten Luft zu sein, die ja beim Einatmen durch den ganzen Körper strömt. Wenn wir das visualisieren, können wir uns auch gedanklich als das „Partikel" auf die Stelle konzentrieren, die uns im Moment Mißklang gibt.

Beim Ausatmen konzentrieren wir uns auf die Stelle des „z.B. Kopfschmerzes" und lassen während des Ausatmens die beschriebene Kerzenflamme durch die mißklingende Stelle lodern. Die Übung sollte vorwiegend im Sitzen gemacht und mehrmals – am besten so lange, bis der Mißklang bzw. Kopfschmerz etc. weg ist – wiederholt werden.

Auch wenn beim ersten Versuch mit dieser Atemtechnik der „Heileffekt" nicht eintritt, ist das kein Grund zu verzagen.

Übung macht den Meister. Durch Ausdauer und Disziplin wachsen wir, bis wir eines Tages durch unsere Atem- und Konzentrationskraft die gewünschten Resultate erzielen.

Niemals dürfen wir mit dieser „Heilungs-Technik" durch unseren Atem, anderen Menschen helfen wollen, denn durch bestimmte kosmische Gesetze können dabei fatale Folgen für die eigene Gesundheit entstehen.

Im Fall der Hilfe ist es deshalb besser und vor allem sicherer, daß man dem „Kranken" diese Atem-Technik erklärt, die er dann an sich selbst ausführen muß.

Alle geistigen Dinge sind dafür da, einander zu helfen. Aber wenn man die Gesetzmäßigkeiten, die diese Dinge bewirken, nicht kennt, kann man meist mehr Schaden bei sich und anderen anrichten, als helfen.

Übungen mit direkter Hilfe sollten den Meistern dieser Atemtechnik vorbehalten bleiben, wenn sie mindestens im hohen Wissen der vierten Stufe des Drachenweges sind.

Sinn des Lebens

Wer also über die hier beschriebenen Möglichkeiten sein Wissen vertiefen und anderen Menschen helfen will, ist aufgefordert, vertiefendere Literatur zu lesen, um in das hohe, universale Bewußtsein zu gelangen. (Siehe Buchliste im Anhang)

Dieser wunderbare Weg ist jedem Menschen vorgegeben, auch dem, der in seinem Denken, Fühlen, Handeln und Sprechen noch gegen diese Wahrheit redet. Es ist immer eine Frage von Reife und Zeit, die uns irgendwann einmal zum wirklichen Erkennen führt.

Aus diesem Grunde dürfen wir auch mit unseren Mitmenschen nicht hadern oder sie verurteilen, wenn die hier erwähnten Wahrheiten dort auf taube Ohren stoßen. Vielleicht in diesem oder einem der nächsten Leben wird auch dieses Bewußtsein, in einer anderen Verkörperung, die hohen Wahrheiten erkennen. Denn ein jeder Mensch ist geschaffen und berufen, das Wissen, das einst in allen war und vor langer Zeit verlorengegangen ist, wieder aus dem eigenen Herzen heraus zu entwickeln, um somit seinen Weg ins Licht, in das vollkommene Wissen allen Seins zurückzufinden.

Der Kompaß, der uns zu diesem Ziel führt, ist ein sehr alter Lehrsatz:

„Wo deine Konzentration ist,
da bist du.
Wohin du deine Konzentration lenkst,
zu dem wirst du."

– LANTO –

Wir, die wir die Gnade und das Vorrecht hatten, unser bescheidenes Wissen vom großen Ganzen den ernsthaft Suchenden auf dem Sportweg weiterzugeben, wünschen in unserem tiefsten Herzen, daß die Wahrheit dieses Buches erkannt und im inneren und äußeren Bewußtsein vollzogen werden kann.

Die neun Prinzipien des Drachenweges

1. Der Wille lenkt die Tat;

2. Der Atem lenkt die Glieder;

3. Die innere Ruhe fließt als Kraft nach Außen;

4. Wandle deine harte Kraft in eine weiche Energie um;
   Nichts ist weicher als Wasser und hat sogleich mehr
   Gewalt;
   Wasser bewältigt durch seine Weichheit den härtesten Stein;

5. Die schwersten Übungen werden nur durch höchste
   Disziplin zu leichten fließenden Bewegungen;

6. Übe alles langsam, damit du, wenn nötig, schnell bist;

7. Die Tiger-Energie, die aus dem Mittelpunkt der Erde
   fließt, soll sich in deiner Mitte konzentrieren, damit du
   mit der Erde eins wirst;

8. Die Drachen-Energie, die durch deine Stirn fließt, soll
   sich in deiner Mitte konzentrieren, damit Drache und
   Tiger sich dort vermählen und der Phönix in dir aufsteigen kann;

9. Selbstvergessenheit führt zu wahrer Meisterschaft,
   zum All-Sein.

Auf folgende hochwertige Bücher möchten wir Sie zur Vertiefung des hier Gelesenen hinweisen. Wir empfehlen Ihnen, diese Bücher in der angegebenen Reihenfolge zu lesen:

	Thema	Autor	Titel	Verlag
1.	Über das Woher, Wohin und Warum des Menschen	White Eagle	Wunder des Lichts	Aquamarin
2.	Von Yogis und Fakieren	Brunton	Von Yogis und Fakieren	Bauer
3.	Das Leben nach dem Tod	J. Lees	Reise in die Unsterblichkeit Bd. I und II	Drei Eichen
4.	Das jenseitige Kinderreich	Jakob Lorber	Das jenseitige Kinderreich	Lorber-Verlag
5.	Das geistige Gesetz und seine Auswirkung	White Eagle	Weisheit von White Eagle	Aquamarin
6.	Die karmischen Gesetze und ägyptische Einweihung	Elisabeth Haich	Einweihung	Drei Eichen
7.	Der geistige Pfad des Menschen auf der Erde	White Eagle	Der geistige Pfad	Aquamarin
8.	Der Weg zu sich selbst	K.O. Schmidt	In dir ist das Licht	Drei Eichen

| 9. | Die Gesetze des Lebens und des Universums | Woldemar von Uxkull | Einweihung im alten Ägypten | Heinr. Schwab |
| 10. | Richtige Lebensweise, Ernährung und Heilung | Dr. E. Székely | Das Evangelium der Essener | Bruno Martin |

Hinweis für interessierte Leser an einem vertiefenden
Studium des Drachenweges:

Wer den Drachenweg
unter Anleitung
von erfahrenen Lehrern lernen will,
um tiefer in die Wahrheiten
des alten Weges einzudringen
und das Wissen allen Seins
zu erlangen,
wende sich vertrauensvoll
an den Verlag,
der alle Anfragen an
die Schüler unseres geliebten Lanto
weiterleitet.

DER DRACHENWEG
des Shao-Lin